MANTENIENDO LA PAZ EN LA IGLESIA

EN LUGAR DE CONFLICTO

Mike Smith

Franklin Publishing

PRINCETON, TEXAS

Sustantivo © 2019 by Mike Smith.

Todos los derechos reservados. Ninguna parte de esta publicación puede reproducirse, distribuirse o transmitida en cualquier forma o por cualquier medio, incluyendo fotocopiadoras, grabación u otros métodos electrónicos o mecánicos, sin el previo consentimiento por escrito de la editorial, excepto en el caso de breve citas encarnadas reseñas críticas y ciertas que otra comercial utiliza permitieron por la ley de propiedad intelectual.

Para las solicitudes de permiso, escriba al editor, dirigida a "Atención: Coordinador de permisos," a la siguiente dirección.

Todas las citas bíblicas de esta publicación han sido tomadas de la Reina-Valera 1960. Utilizado con permiso. Todos los derechos reservados.

Translated into Spanish from Conflict: Causes and Cures by Mike Smith. 2014

Franklin Publishing
1215 Juniper
Princeton, Texas 75407

www.FranklinPublishing.org

Impreso en los Estados Unidos de América

Sustantivo © 2019 Franklin Publishing

Todos los derechos reservados.

Manteniendo la Paz en la Iglesia / Smith, Mike.

ISBN – 13: 978-1-7320028-3-8

ISBN – 10: 1-7320028-3-5

Contents

Prólogo 1
Agradecimientos 3
Introducción 5

Sección I Principios del Conflicto 8

Introducción 9
Capítulo 1 Definiciones de Conflicto 10
Capítulo 2 Cicatrices de Conflicto 16
Capítulo 3 Verdades Sobre el Conflicto 22
Capítulo 4 Señales del Conflicto 26
Capítulo 5 Niveles Estructurales del Conflicto 31
Capítulo 6 Estilos del Manejo del Conflicto 37
Capítulo 7 Diferencias Generacionales 47
Resumen de la Sección 1 50

Sección 2 Problemas (Causas del Conflicto) 52

Introducción 53
Conflicto 10 Guerras de Adoración 58
Conflicto 9 Política de Iglesia 67
Conflicto 8 Personal 73
Conflicto 7 Inmoralidad Sexual 81
Conflicto 6 Incompetencia 89
Conflicto 5 Iglesia en Conflicto/Disfunctional 95
Conflicto 4 Comunicación 103

Conflicto 3 Cambio 110
Conflicto 2 Liderazgo muy Fuerte/ Liderazgo muy Débil 121
Conflicto 1 Control / Poder 130
   Resumen de la Sección 2 140

Sección 3 Posibilidades 143

  Introducción 144
  Capítulo 1 Educación 146
  Capítulo 2 Mediación 152
  Capítulo 3 Restauración 163
    Resumen de la Sección 3 168
    Conclusión 170

  Anexo A 172
  Anexo B 173
  Anexo C 174
  Anexo D 176
  Notas 179
  Referencias 185
    AUTOR 191
    Franklin Publishing 193

*Para mi esposa Susan,
quien es el ornamento de un
un espíritu manso y tranquilo,
que en la
visión de Dios
es de gran valor.*

*"Bienaventurados los que procuran la paz,
pues ellos serán llamados hijos de Dios."*
.

– JESUS CHRIST, MATTHEW 5:9 (LBLA)

Prólogo

Salmo 133:1 dice: " ¡Mirad cuán bueno y cuán delicioso es habitar los hermanos igualmente en uno!". Jesús oró por la unidad entre los creyentes como se registra en Juan 17. Estamos haciendo verdaderamente la obra del Señor cuando buscamos traer la paz.

Ha sido un privilegio trabajar con Mike Smith en la Convención Bautista del Sur de Texas. Todos los días durante el tiempo que Mike estuvo en el SBTC, él lidió con el conflicto. El entrenamiento, credenciales educacionales y asignaciones de Mike, todo relacionado con ayudar a las personas a resolver conflictos. Su amor por el pueblo de Dios es evidente. El es un hombre que personifica a un pacificador.

Este libro está dividido en tres secciones principales. La primera sección trata de cuestiones generales relacionadas con los conflictos. Las señales de conflicto pueden no ser fácilmente visibles; a menudo hay problemas subyacentes que pasan desapercibidos al principio. Mike te ayuda a mirar debajo de la superficie para ver los potenciales puntos álgidos. Las cicatrices de los conflictos se curan lentamente; las cicatrices de dificultades anteriores pueden volver a aparecer. Conocer los tipos de personalidad proporciona un contexto para comprender cómo actúan y reaccionan las personas. La evaluación DISC se destaca como el método preferido para determinar las tendencias de personalidad de una persona.

La segunda sección del libro profundiza en los tipos de conflictos que surgen en la iglesia. La música parece haber sido una de las principales causas de interrupción del compañerismo en las congregaciones durante los últimos veinte años. Los estilos de liderazgo o la falta total de liderazgo pueden resultar en descontento. Las luchas de poder por el control a menudo crean tensiones que se extienden a las hostilidades abiertas. Uno de los mayores desafíos para una congregación es estar abierta al cambio. La demografía en el vecindario o las tradiciones poco útiles de la iglesia pueden ser motivadores positivos o negativos para el cambio, respectivamente. En este capítulo se describe cómo lograr una mentalidad flexible para adoptar el cambio.

La sección tres es un microcosmos del libro en lo que se refiere a los elementos comunes para abordar el conflicto. El capítulo principal de la sección tres comienza con los fundamentos teológicos necesarios para enfrentar un problema espiritual. Las

Escrituras son la base para la educación en la resolución de conflictos de la iglesia. El capítulo dos muestra la aplicación práctica del papel del mediador en el conflicto. El último capítulo ilustra cómo la restauración es posible cuando el conflicto causa una suspensión temporal del ministerio.

Manteniendo la paz en la Iglesia es una herramienta para unir a la gente. El estilo casero de Mike te pone a gusto. "Las historias de un nieto" te introduce al tema en la mayoría de los capítulos. En su interior encontrará referencias académicas y análisis perspicaces. Te animo a que hagas de esto una referencia cuando surja un conflicto. "Si se puede hacer, cuanto está en vosotros, tened paz con todos los hombres", Romanos 12:18.

Dr. Jim Richards
Director Ejecutivo
Convención Bautista del Sur de Texas
   17 de Diciembre de 2013

Agradecimientos

Manteniendo la Paz en la Iglesia es la compilación de experiencias académicas y prácticas reunidas en el laboratorio de mi vida a lo largo de estos últimos 44 años, 17 de los cuales los pasé como pastor en iglesias bautistas. Me desempeñé como Director de Misiones en el Oeste de Texas durante siete años y en el Este de Texas durante 14 años. Las 150 iglesias de estas asociaciones ofrecían semanalmente oportunidades para la gestión de conflictos.

Después de 21 años como Director de Misiones, me uní al personal de la Convención Bautista del Sur de Texas como Director del Departamento de Ministro y Relaciones con la Iglesia. Esta posición me permitió trabajar con más de 2,000 iglesias. Serví como un confidente que escuchaba, lloraba y oraba con pastores que experimentaban conflictos. Yo era un mentor que aconsejaba a los líderes de la iglesia sobre cómo caminar a través del conflicto. Serví como consultor que dirigía iglesias en medio del conflicto.

Ahora, como presidente de la universidad Jacksonville, tengo muchas oportunidades de practicar mis habilidades de manejo de conflictos con los estudiantes, la facultad, la acreditación y las organizaciones reguladoras. Estoy agradecido por la capacitación que recibí de expertos en manejo de conflictos como Speed Leas, Ken Sande, Richard Blackmon, Nancy Ferrell, George Bullard, Norris Smith, Larry Savage, Marlin Thomas, Blake y Ken Coffee, Lifeway Christian Resources, la Junta de Misiones Norteamericanas, y muchos otros.

Aprecio a las iglesias, diáconos, asociaciones individuales, convenciones estatales y la Asociación de Directores de Misiones de Texas, todas las cuales me invitaron a llevar a cabo Seminarios de Manejo de Conflictos y a servir como consultor.

He servido en más de 3,000 casos de conflicto. Los casos de estudio que comparto en este libro son reales, con los nombres cambiados y las historias alteradas para proteger la confidencialidad de los involucrados.

Estoy en deuda con mi esposa, que me animó a seguir mi doctorado con tesis en el área de conflicto. Ella compartió nuestro tiempo juntos y aceptó las interrupciones de las llamadas telefónicas de pastores heridos e iglesias dañadas a toda hora.

Estoy agradecido a Ann Cumbee, mi Asistente de Ministerio, por escribir este manuscrito y a las correctoras, Marolyn Welch y Vanita Pettey. Estoy agradecido con Danny Morris por el trabajo de arte gráfico. Danny replanteó las caricaturas que mi amigo pastor Bob Reid dibujó para mí. He incluido los dibujos animados y las historias sobre mis nietos para proporcionar un poco de humor. En los conflictos, todo el mundo necesita reírse a veces para no llorar. También estoy agradecido por los miembros del Consejo de Administración de Jacksonville College porque me animaron a escribir y publicar este libro. Todas las ganancias de este trabajo se destinarán al ministerio del Jacksonville College.

    A Dios sea la Gloria,
    Mike Smith, Ph.D.
    Presidente de la *Universidad de Jacksonville*
    Filipenses 1:21

Introducción

El conflicto es grave y necesita la atención seria de la iglesia. Personalmente, he causado conflictos, he sufrido de conflictos y he ayudado a mediar conflictos. Al hacer esto, he recogido una gran cantidad de conocimiento en esta área durante mis 44 años en el ministerio.

Mi intención para este libro es compartir los principios del conflicto, compartir las diez causas principales del conflicto dentro de las iglesias y examinar las prácticas de resolución de conflictos. Mi meta para ti al leer este libro es que desees ser un pacificador activo.

La Biblia es clara al exhortar a los creyentes a estar en unidad unos con otros.

Mateo 5:9 - "Bienaventurados los pacificadores, porque ellos serán llamados hijos de Dios".

Mateo 5:25. "Concíliate con tu adversario presto, entre tanto que estás con él en el camino; porque no acontezca que el adversario te entregue al juez, y el juez te entregue al alguacil, y seas echado en prisión".

Mateo 18:15. "Por tanto, si tu hermano pecare contra ti, ve, y redargúyele entre ti y él solo: si te oyere, has ganado á tu hermano".

2 Corintios 5:18. "Y todo esto es de Dios, el cual nos reconcilió á sí por Cristo; y nos dió el ministerio de la reconciliación".

Mi oración es que cada iglesia tenga un grupo de miembros - ya sean diáconos, personal de la iglesia o laicos - que se equipen con las habilidades de mediación de conflictos en este libro. Al final de cada capítulo, se puede realizar una actividad de aprendizaje de forma individual o en clase. Cualquier persona que desee enseñar la resolución de conflictos más extensamente puede ponerse en contacto conmigo para la presentación de diapositivas que se puede usar para acompañar este estudio.

Estoy disponible para venir a las iglesias y enseñar sobre el manejo de conflictos.

Los tres formatos de enseñanza más populares son

1. Una hora de visión general del conflicto.
2. Sábado por la mañana de 9:00 a.m.-12:00 del mediodía. (Esto es popular entre los grupos de diáconos.)

3. De domingo a miércoles por la noche durante una hora y media cada noche.

También estoy disponible para consultar con iglesias actualmente en conflicto. El formato de la consulta depende del conflicto de la iglesia. A veces la situación requiere un escenario más formal en el que yo sirva de mediador con las dos partes en conflicto. Serviré como el moderador de una reunión de negocios. Realizaré un análisis a nivel de toda la iglesia y haré recomendaciones como consultor. Yo vengo a una iglesia sólo por invitación del pastor y/o del líder.

Lee Manteniendo la Paz en la Iglesia, y si Dios despierta el deseo de más en esta área, contáctame.

Mike Smith
Universidad de Jacksonville
105 B. J. Albritton Drive
Jacksonville, TX 75766
msmith@jacksonville-college.edu 903-721-0279

La Historia de un Nieto

(Acento del Este de Texas)

Cuando nuestra nieta, Emma, tenía tres años, estaba observando a su madre y a nuestra hija, Martha Elaine, trabajar en una bicicleta. Martha Elaine le pidió a su hijo William que fuera a buscarle una llave inglesa. Emma, que es una Martha bíblica como su madre, dijo: "Puedo conseguirlo", y rápidamente se fue. Cuando regresó, le entregó a su madre una botella de Salsa <u>Ranchera</u>.

Sección I
Principios del Conflicto

Introducción

Los principios son verdades fundamentales o métodos de operación.[1] El manejo de conflictos es más un arte que una ciencia. Con esto quiero decir que la gestión de conflictos está más sujeta que enseñada. Hay algunas observaciones básicas, pero gran parte de la gestión de conflictos se aprende mejor de la experiencia. Aun así, algunas verdades fundamentales deben ser aceptadas y apreciadas para poder servir hábilmente como mediadores de conflictos.

CAPÍTULO 1

Definiciones de Conflicto

¿Qué es el Conflicto?

Definición:

El conflicto proviene del latín *comfligere*, que se refiere a un "acto de atacar juntos".[1] Al raspar un fósforo contra una caja de cerillas se produce un incendio. Algunas personas tienen una personalidad tan chocante que en el momento en que entran en una habitación, estalla el conflicto; comentarios como "Todo estaba en paz hasta que entraste en la habitación" las describen acertadamente.

Fue la primera vez que asistí a una reunión en una asociación en particular. Me sentí incómodo desde el principio debido a lo novato que era en la organización. Mi malestar aumentó a medida que avanzaba la reunión. Todo lo que se trajo a la discusión ante este cuerpo de deliberación se encontró con la resistencia vocal de un hombre. Se puso de pie rápidamente, con un discurso fuerte, enojado y grosero en su presentación. Nunca había visto tanta hostilidad y resistencia a estos temas tan comunes de discusión. Por otro lado, todos los demás fueron positivos y agradables.

Cuando el moderador convocó la votación, este hombre se opuso a todos los asuntos que se habían presentado ante el Consejo. Después de la clausura de la reunión, pregunté a algunos de los líderes quién era el hombre y por qué era tan desagradable. Todos se rieron y alguien dijo: "Ese es Juan. Es un pesado. Siempre vota en contra de todo lo que discutimos".

"Pero es tan ruidoso y grosero", respondí.

Se volvieron a reír y dijeron: "Ése es Juan".

Lo que yo pensaba que era un conflicto mayor, lo aceptaron como una acción común y cotidiana. Esto me enseñó que no todo el mundo define el conflicto de la misma manera. (El resto de la historia: Al año siguiente le pedí al comité de nominación que hiciera de ese hombre el secretario. Tuvo que pasar su tiempo escribiendo. No tuvo tiempo de expresar su oposición.)

Definición:

El conflicto es una situación en la cual dos o más seres humanos desean metas que son alcanzables por uno u otro, no por ambos. [2] Lo siguiente ejemplifica el conflicto que surge de una meta común y deseada.

Sólo uno podía ser elegido presidente de la clase. Ambos candidatos hicieron todo lo posible por alcanzar el puesto. Lo que comenzó como una campaña amistosa pronto se volvió feo y vengativo cuando ambos buscaron la oficina. Aunque alguna vez mejores amigos, el deseo de ser presidente de clase los convirtió en archienemigos. El conflicto tiene una forma de ser divisivo.

Definición:

El conflicto es una lucha de poder sobre las diferencias. Esto podría ser información, creencias, intereses, deseos o valores diferentes de ambas partes. [3]

Hoy en día, cuando se discute el tema del conflicto, la frase lucha de poder se usa más que cualquier otro término descriptivo. Cuando los grupos de personas pasan tiempo juntos, las luchas de poder pronto salen a la superficie. Diez años de encuestas revelan que las luchas de poder siguen siendo la causa número uno de los conflictos. Este tema se discutirá en detalle en capítulos posteriores.

Definición:

Conflicto es cuando dos o más objetos intentan ocupar el mismo espacio al mismo tiempo. [4]

Si yo, que peso más de 400 libras, estoy sentado en una silla y alguien más viene a sentarse en la misma silla al mismo tiempo, habrá un conflicto ya sea con la otra persona, la silla ¡o conmigo! Vemos vívidamente este problema cuando dos niños están jugando y cada uno quiere el mismo juguete. Dado que sólo uno puede tener el juguete, los tirones de pelo o los mordiscos suelen ocurrir cuando estalla el conflicto.

El proverbio "la belleza está en el ojo del espectador" se aplica a todos los conflictos. En respuesta a lo que una persona describiría como un conflicto severo, otra se encogería de hombros y diría: "Eso es la vida cotidiana". Por lo tanto, el que se haga mucho o poco de un conflicto depende de la persona.

Dos Maneras de Ver el Conflicto

Ken Sande en "*The Peace Maker*" tiene un capítulo titulado "¿Vale la pena pelear por esto?" Sande sugiere que cuando veas un conflicto, pregúntate: "¿Tengo una actitud sensible o un comportamiento pecaminoso?"[5] En la mayoría de los conflictos, sería prudente no ser tan sensible.

Actitud Sensible

Una estudiante universitaria se sentó frente a mi escritorio y pidió permiso para compartir a nivel personal. Acepté escuchar y ayudar si podía. Ella relató el siguiente incidente. Una estudiante en la cafetería le había dicho algo sobre ella a una amiga sin saber si la información era cierta. Entonces su amiga le preguntó si iba a confrontar a la persona que había dicho estas cosas. En ese momento, me pidió consejo. Le pregunté si estaba ofendida o herida por lo que se dijo. Me aseguró que esos comentarios no la molestaban. Le dije que tenía dos opciones. La primera opción era confrontar a la persona que hablaba de ella públicamente; la segunda opción era pasar por alto lo que se decía.

El incidente con la estudiante universitaria nos recuerda que pasar por alto las ofensas es lo correcto bajo dos condiciones.

1. Cuando la ofensa no ha creado una pared entre usted y la otra persona o causado que te sientas diferente hacia él o ella
2. Cuando la ofensa no ha causado daño serio a la reputación de Dios, a otros o al ofensor.[6]

A veces, la mejor manera de resolver el conflicto es simplemente pasar por alto la ofensa. Numerosos pasajes de la Biblia hablan de esto.

Proverbios 10:12 - "El odio despierta rencillas; más la caridad cubrirá todas las fallas".

Proverbios 12:16 - "La obra del justo *es* para vida; mas el fruto del impío *es* para pecado".

Proverbios 15:18 - "El hombre iracundo mueve contiendas; mas el que tarde se enoja, apaciguará la rencilla".

Proverbios 17:9 - "El que cubre la prevaricación, busca amistad; mas el que reitera la palabra, aparta al amigo".

Proverbios 17:14 - "El que comienza la pendencia es *como* quien suelta las aguas: Deja pues la porfía, antes que se enmarañe".

Proverbios 19:11 - "La cordura del hombre detiene su furor ; Y su honra es disimular la ofensa".

Proverbios 20:3 - "Honra es del hombre dejarse de contienda: mas todo insensato se envolverá *en ella*"

Proverbios 26:17 - "El que pas ando se deja llevar de la ira en pleito ajeno, Es *como* el que toma al perro por las orejas". (El mensaje)

"El que pasa, y se mete en disputas que no le pertenecen, es como el que toma a un perro por las orejas."

Efesios 4:32 - "Antes sed los unos con los otros benignos, misericordiosos, perdónandoos los unos á los otros, como también Dios os perdonó en Cristo".

Colosenses 3:13 - "Sufriéndoos los unos á los otros, y perdonándoos los unos á los otros si alguno tuviere queja del otro: de la manera que Cristo os perdonó, así también hacedlo vosotros".

1 Pedro 4:8. "Y sobre todo, tened entre vosotros ferviente caridad; porque la caridad cubrirá multitud de pecados".

Pasar por alto una ofensa no es un acto de negación como en un proceso pasivo, sino una elección deliberada y activa debido a la obra de gracia de Dios en ti. Deliberadamente eliges no hablar de ello, pensar en ello o permitirte amargarte.

La verdad es que muchos son demasiado sensibles. Demasiados "llevan sus sentimientos en las mangas" y son fácilmente heridos. Como cristiano, necesitas madurar y crecer en gracia para no ser tan sensible. Cuando te enfrentas a un conflicto, pregúntate: "¿Estoy siendo demasiado sensible?"

Comportamiento pecaminoso

La segunda pregunta que cada persona debe hacerse antes de confrontar a los demás es: "¿Hay un comportamiento pecaminoso en mi vida? Jesús dijo tanto o más en Mateo 7:3-5.

> Y ¿por qué miras la mota que está en el ojo de tu hermano, y no echas de ver la viga que está en tu ojo o ¿cómo dirás á tu hermano: Espera, echaré de tu ojo la mota, y he aquí la viga en tu ojo? ¡Hipócrita! echa primero la viga de tu ojo, y entonces mirarás en echar la mota del ojo de tu hermano.

Antes de confrontar a otros sobre sus pecados, pregúntate:
1. ¿Soy culpable de algún pecado no confesado?
2. ¿Soy culpable de no someterme a la autoridad?
3. ¿Soy culpable de maltratar a otros?
4. ¿Soy culpable de los deseos de la carne, de la soberbia, del amor al dinero o del miedo a los demás?
5. ¿Soy culpable de romper mi palabra o de no cumplir con todas mis responsabilidades?

Si hay un comportamiento pecaminoso, entonces arrepiéntete y confiésate. [7]

Más veces de las que quiero admitir, he sido rápido para ver el pecado en otros sólo para ser convicto del mismo pecado en mi vida. Antes de confrontar a otros, encuentro que siempre es bueno parar y dejar que el Espíritu Santo revele cualquier pecado no confesado en mi propia vida.

Actividad de Aprendizaje

1. Escribe tu definición de conflicto.

2. Luego de leer todas las definiciones de conflicto en este capítulo, ¿Ha cambiado tu definición de conflicto? Explica.

3. De los versículos provistos en este capítulo, ¿Cuál de ellos te habla a ti y por qué?

4. Comparte una ofensa que hayas dejado pasar por alto.

CAPÍTULO 2

Cicatrices de Conflicto

Iglesia Bautista Tabernáculo en Plum Creek fue la primera iglesia en ser atendida por un estudiante de 19 años de la Universidad Brown con mucho celo pero muy poca experiencia. Todo comenzó cuando un aviso publicado en un tablón de anuncios fuera de la oficina de su profesor llamó su atención.

"¡Se Busca! Predicador Bautista - Aplique Adentro."

Con una excitación temerosa, abrió la puerta. El Dr. Jones explicó que esta iglesia estaba a 50 millas del campus y necesitaba un predicador. El estudiante dejó su nombre, número de dormitorio y número de teléfono del campus con el profesor. Salió de la oficina y caminó por el campus, preguntándose si alguna vez tendría la oportunidad de predicar. Cuando entró en su dormitorio, el teléfono estaba sonando. Respondió rápidamente y se sorprendió al escuchar: "Soy Bill White, diácono de la Iglesia Bautista Tabernáculo. ¿Puedes predicar para nosotros este domingo?" El estudiante respondió: "Sí", sin pensarlo dos veces.

Él predicó ese domingo y fue invitado a volver el segundo domingo para predicar de nuevo. Este joven era uno de los tres candidatos que la iglesia estaba considerando. El tercer domingo que predicó, lo llamaron como su pastor. Se dispuso a hacer crecer la iglesia. Cada fin de semana, salía del campus e iba al campo de la iglesia para visitar los sábados y predicar los domingos. La iglesia comenzó a crecer con la asistencia de varias personas nuevas.

La iglesia estaba teniendo un "*Old Fashioned Brush Arbor Revival*" cuando después del servicio, dos hombres agarraron los brazos del joven pastor y se lo llevaron afuera. Le hicieron saber que si traía más coreanos a la iglesia, se encargarían de que no volviera a predicar. Al alejarse, una mujer se le acercó y le lanzó su bolso mientras gritaba: "¡Nunca más vuelvas a traer a esta iglesia a esos coreanos sucios y descalzos!"

El joven pastor se fue emocionalmente marcado y se durmió esa noche llorando y rezando. Pensaba que nunca volvería a la iglesia, aunque otros miembros de la iglesia empezaron a llamar y a venir para animarlo a quedarse y no darse por vencido.

¿Recuerdas a la mujer que dijo: "Nunca traigas a esos coreanos sucios y descalzos a esta iglesia"? Unos años más tarde, su hija estaba caminando por el bosque y tuvo un grave accidente que resultó en la amputación de su pie.

El salmista advierte en el Salmo 105:15, " No toquéis, *dijo,* á mis ungidos, ni hagáis mal á mis profetas". La Biblia está llena de ejemplos de aquellos que han sido heridos por el conflicto. Hay por lo menos 133 casos de conflictos registrados en las Escrituras.[1]

Ejemplos de Conflicto en el Antiguo Testamento

Génesis 3:1-19 identifica cinco áreas de conflicto:
Conflicto entre la Palabra de Dios y Satanás (v. 1-5)
Conflicto interno como resultado del pecado (v. 6-7)
Conflicto entre el hombre y Dios (v. 8-10)
Conflicto entre el hombre y su esposa (v. 11-13)
Conflicto dentro de la estructura ordenada (v. 14-19)
Génesis 4:1-16 Conflicto entre hermanos -- conflictos de rivalidad entre hermanos
Génesis 13:5-10 Conflicto por la tierra, el suelo

Ejemplos de Conflicto en el Nuevo Testamento

Mateo 4:1-11 Conflicto entre Jesús y Satanás
Marcos 3:1-6 Conflicto entre Jesús y los fariseos por las tradiciones del sábado.
Hechos 6:1-4 Conflicto entre los miembros de la iglesia por la justicia en ser servidos
Hechos 15:1-19 Conflicto sobre la postura doctrinal
Hechos 15:36-41 Conflicto por el servicio de personal
Gálatas 2:11-21 Conflicto entre dos santos -- Pedro y Pablo

Ejemplos de Conflicto en la Historia Bautista

El 8 de mayo de 1845, la Convención Bautista del Sur se formó a partir de un conflicto con la Convención Trienal cuando su sociedad misionera dijo que un dueño de esclavos no podía ser nombrado como misionero.[2]

En 1900, la Asociación Misionera Bautista de Texas se formó a partir de un conflicto dentro de la Convención General Bautista de Texas.[3]

El 25 de mayo de 1950, la Asociación Bautista Misionera de América (conocida como la Asociación Bautista de Norteamérica hasta 1969) se formó a partir de un conflicto dentro de la Asociación Bautista Americana.[4]

El 10 de Noviembre de 1998, la Convención Bautista del Sur de Texas se formó a partir de un conflicto dentro de la Convención General Bautista de Texas sobre varios temas, uno de los cuales era la inerrancia de las Escrituras.[5]

Ejemplos de Conflictos en la Vida Bautista de Hoy

En 1986, hubo 88 terminaciones de pastores por mes en la Convención Bautista del Sur

En 1996, hubo 117 terminaciones de pastores por mes en la Convención Bautista del Sur.

En el 2012, hubo 100 terminaciones de pastores por mes en la Convención Bautista del Sur.

En resumen, es decir, 1200 terminaciones al año, 100 terminaciones al mes, 3 terminaciones al día y 1 terminación cada 8 horas.[6]

La siguiente tabla muestra lo que está sucediendo a los ministros debido al conflicto.[7]

Razones	Clérigos	Población General
Agotamiento	15%	10%
Divorcio	15%	40%
Dependencia Química	5%	11%
Desordenes Mentales	2%	10%
Inmoralidad	10%	15%

El porcentaje de pastores que dejan el ministerio debido al estrés es del 40%. Hace cuarenta años, las tablas actuariales de seguros indicaban que los pastores eran uno de los grupos más seguros debido a su buena salud física y mental. Hoy en día, se les considera uno de los grupos de mayor riesgo.[8]

La siguiente tabla muestra los resultados de los conflictos de la iglesia.[9]

Manteniendo la Paz en la Iglesia

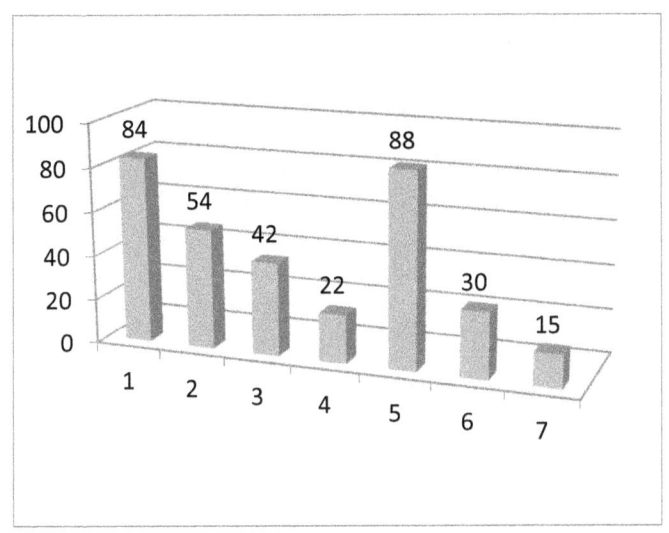

Leyenda

1. Miembros que dejan la iglesia
2. Miembros que retuvieron diezmos y ofrendas
3. Líderes Laicos que renunciaron
4. Programas o actividades que se interrumpieron
5. Pastores que se fueron
6. Personal que se fué
7. Iglesias que se divi-

Actividad de Aprendizaje

Escribe o comparte algo que hayas experimentado personalmente a raíz de un conflicto que causó una cicatriz durante tu ministerio o en el ministerio de alguien que conozcas.

La Historia de un Nieto

(Contenido para adultos-anualidad)

Susan y yo nos quedamos con los nietos durante una semana mientras sus padres servían como padrinos en un campamento de la iglesia. Tratamos de hacer diferentes salidas cada día para entretenerlos, así que decidimos llevarlos a ver una película. Para asegurarse de que la película fuera apropiada para su edad, Susan compró su I-pad y comenzó a leer las descripciones de todas las películas disponibles. Leyó en voz alta una crítica que indicaba desnudez en la película y dijo: "No podemos ir a esa. Tiene desnudos". Más tarde, cuando mi nieto mayor, William, preguntó sobre la misma película, nuestro nieto de siete años, Jacob, dijo: "No, no podemos ver esa película. Tiene anualidad."

CAPÍTULO 3

Verdades Sobre el Conflicto

El Conflicto Existe.

Negar que el conflicto exista es el resultado de tener la cabeza en la arena o de mentirse a uno mismo. En la conferencia semanal de pastores, un pastor que había experimentado recientemente un conflicto compartió sus heridas con el grupo. Los pastores escucharon y ofrecieron palabras de aliento y oraciones. Un pastor en particular siempre comentaba: "Tengo una buena iglesia y nunca tenemos conflictos". Sin embargo, en su quinto año de pastorear esa iglesia, estalló un conflicto que él había negado. Negar el conflicto sólo retrasa su daño destructivo.

El Conflicto no es ni Intrínsecamente Bueno ni Intrínsecamente Malo.

La manera en que se maneja el conflicto determina si es bueno o malo. Mientras asistía al Seminario del Sur, tuve un compañero de cuarto de China. Compartió conmigo el significado de los dos caracteres chinos para la palabra *crisis*.

"PELIGRO" Y "OPORTUNIDAD"

Un carácter representa el peligro; el otro representa la oportunidad. Esta es la verdad en todos los conflictos. Si bien existe el peligro, también existe la oportunidad de hacer el bien. Visto de otra manera, el conflicto es como un billete de dólar, que es un objeto inanimado. Un billete de dólar no es ni bueno ni malo. La forma en que se utiliza el billete de dólar determina el potencial para el bien o el mal.

El Conflicto Puede ser Saludable Como Puede que no lo Sea.

El conflicto no ocurre donde hay apatía. Algunas iglesias que se jactan de que nunca tienen conflictos son a menudo las iglesias donde nada está ocurriendo. Aunque no recomiendo esta táctica de crecimiento, algunos pastores han compartido conmigo que intencionalmente tratan de mantener un conflicto en la iglesia porque crea energía. Las multitudes se reúnen donde hay una pelea. Como digo en mi casa: "Si no tuviéramos conflictos ocasionales, Susan nunca cortaría el césped".

Observe la siguiente tabla.[1]

Conflicto Saludable	Conflicto no Saludable
Lidiado directamente de una manera biblica	Lidiado indirectmente con las emociones
Se decide glorificar a Dios	Se decide destruir al prójimo
Conduce a una confianza más intima	Conduce a relaciones rotas
Desarrolla respeto mutuo	Desarrolla falta de respeto e insultos
Se desea el bien para la Iglesia	Se desea ganancia personal

Actividad de Aprendizaje

1. Haz un listado sobre las verdades del conflicto y comparte una experiencia personal para ilustrar cada verdad acerca del conflicto.

2. Discute la diferencia entre conflicto saludable y el no saludable.

CAPÍTULO 4

Señales del Conflicto

Los discípulos de Jesús le siguieron hasta el monte de los Olivos y le preguntaron: ". ¿Cuándo serán estas cosas, y qué señal *habrá* de tu venida, y del fin del mundo?" (Mateo 24:3). A medida que avanzaba la discusión, Jesús dio algunas señales que permitirían a los hombres reconocer su regreso. El conflicto a menudo sorprende a las iglesias, pero la mayoría de las veces ya hay signos que indican conflicto. Las siguientes son algunas de esas señales.

Asistencia y Ofrendas.

Varias iglesias mantienen un "marcador" sobre el piano en el auditorio. Este marcador registra la asistencia y la ofrenda para ese domingo. La gente entra al santuario para adorar, pero rápidamente mira el marcador para ver cuántos asisten en comparación con la semana pasada y hace un año. Evalúan el domingo como bueno o malo en base a los "centavos y narices" presentes.

Una disminución en la asistencia y la ofrenda puede causar conflicto o indicar que está presente. Los comentarios que se escuchan comúnmente pueden ser: "Bueno, nuestro predicador ya no predica como antes"; "Nadie está visitando prospectos como debería"; "Recuerdo cuando nuestra iglesia estaba llena". Ahora sólo quedamos unos pocos". Algunos pastores toman comentarios como estos muy personalmente y empiezan a enviar currículos, creyendo que es tiempo de mudarse a otra iglesia.

Servicios de Adoración

El conflicto puede reflejarse a menudo en los cultos de adoración fría. La gente no canta con espíritu y entusiasmo cuando está en conflicto. Jesús es claro que no podemos adorar eficazmente cuando tenemos conflicto. " Por tanto, si trajeres tu presente al altar, y allí te acordares de que tu hermano tiene algo contra ti, deja allí tu presente delante del altar, y vete, vuelve primero en amistad con tu hermano, y entonces ven y ofrece tu presente" (Mateo 5:23-24).

Negarse a Servir

Cuando la iglesia está unida, todos quieren servir. Cuando la iglesia está en conflicto, es difícil encontrar personas para servir. En los buenos tiempos, la gente pregunta: "Pastor, ¿qué puedo hacer para ayudar?" En tiempos de conflicto, la gente se apresura a decir. "No" cuando se le pide que enseñe o sirva en un comité.

Bajo Nivel de Confianza

El conflicto genera desconfianza. Todos sospechan unos de otros. La gente cuestiona cada comentario en un estado de ánimo negativo.

Reuniones de Negocios Discordantes

Cuando una iglesia está en conflicto, las reuniones de negocios sirven como una oportunidad para expresar frustraciones y enojo. Las personas que usualmente no participan en las reuniones de negocios de la iglesia pueden estar presentes en un intento de ser escuchados y promover su agenda. La duración de la reunión de trabajo a menudo revela el grado de conflicto; cuanto más larga sea la reunión, más intenso será el conflicto. Algunas personas asisten a todos los servicios de la iglesia, excepto a la reunión de negocios, debido a la reputación de las peleas de iglesia que estallan durante estas reuniones.

Lenguaje Corporal

El lenguaje corporal revela mucho sobre la actitud de una persona. El conflicto existe si las personas que alguna vez se abrazaron ahora se evitan entre sí. Los grupos pequeños que se apiñan en el estacionamiento de la iglesia también podrían indicar la presencia de un conflicto.

El Aumento de Quejas

Cuando las quejas aumentan, los conflictos van en aumento. La gente acusa al pastor de predicarles. La gente comparte abiertamente con el pastor que algunos de los miembros están molestos con él. Algunos incluso dicen con atrevimiento: "Es hora de que renuncies".

Guerras Tribales

Cada iglesia con un promedio de 100 o menos asistentes tiene un jefe tribal, una "vaca campana", patriarca, Matriarca o E. F. Hutton (un conocido corredor de bolsa), que es una persona de influencia. El conflicto surge en una iglesia pequeña cuando la persona de autoridad e influencia es desafiada. A menudo, el reto viene del pastor cuando se encuentra en desacuerdo con este líder sobre las decisiones y la dirección de la iglesia.

Personalidades

Una iglesia de 100 tendrá 100 personalidades. La gente ve las cosas de manera diferente. Algunas personas tienen personalidades difíciles. Las personas se lastiman y se enojan si interpretan el rechazo de sus ideas como un rechazo de sí mismas.

Cambio

El cambio conduce inevitablemente al conflicto. El cambio a menudo crea un conflicto no tanto por el tema en sí mismo, sino por la forma en que el líder introduce y maneja el cambio.

El Top Diez Momentos Predecibles para el Conflicto en una Iglesia

1. El conflicto es predecible durante la Navidad y la Pascua porque es una época de mucho trabajo y la gente está cansada. Puede haber conflicto entre el pastor y el líder musical.
2. El conflicto es predecible durante la administración o la promoción del presupuesto.
3. El conflicto es predecible cuando se añade personal.
4. El conflicto es predecible durante los cambios en el estilo de adoración u organización.
5. El conflicto es predecible durante la ausencia del pastor, las vacaciones o el viaje misionero.
6. El conflicto es predecible durante los cambios en la familia del pastor. Por ejemplo, cuando nace un hijo o cuando el hijo de un pastor se vuelve caprichoso, se escuchan comentarios como: "Está pasando demasiado tiempo con su familia" y "No puede controlar su propio hogar".
7. El conflicto es predecible durante el cambio generacional en la iglesia, como cuando hay un aumento en el número de parejas jóvenes.
8. El conflicto es predecible durante la terminación de un nuevo recinto.
9. El conflicto es predecible durante un cambio en la membresía.
10. El conflicto es predecible durante el tiempo entre pastores.[1]

Actividad de Aprendizaje

Consiguete a alguien y, usando las "Señales del Conflicto", discutan cual hiere más a la Iglesia.

La Historia de un Nieto

(Diccionario Necesario)

Logan, nuestro nieto número tres, iba en el auto con mi esposa. Hasta ese momento de su joven vida, la única forma en que se había utilizado la palabra accidente era en relación con la humectación de sus "pañales" o de la cama.

Mientras Susan conducía con cuidado, un motociclista los pasó a gran velocidad. Susan dijo en voz alta: "Si tiene un accidente, morirá".

Logan respondió rápidamente: "Abuelita, ¿cómo puede morir por mojarse los pantalones?"

CAPÍTULO 5

Niveles Estructurales del Conflicto

A principios de los años ochenta, tuve el privilegio de asistir a una conferencia sobre conflictos dirigida por Speed Leas. De todas las conferencias a las que he asistido y los libros que he leído, Ken Sande y Speed Leas son los que más me han ayudado a entender el conflicto. Un área en particular que ha sido la más beneficiosa es la de los niveles de conflicto que se encuentran en el libro de Leas *"Moving Your Church through Conflict"*.[1] Lo siguiente es un resumen de su conferencia, y se pueden encontrar más detalles en su libro.

Nivel 1   PROBLEMA PARA SOLUCIONAR

Problema: La superficie de los Problemas Reales.

Lenguaje: Claro y específico - Puede haber malentendidos y falta de comunicación, pero lo más frecuente es que todas las partes entiendan el problema.

Objetivo: Resuelve el problema. A este punto, concentrate en el problema, no la persona.

Resultado: Ganar/Ganar, a este nivel. Todas las partes involucradas pueden "Ganar."

Estrategia: Fomentar la participación de todas las personas involucradas. El uso de la resolución colaborativa de problemas es la mejor estrategia.

Historia (Parte I): Los diáconos celebraron su reunión mensual después de la primera misa del domingo por la noche. Después de toda la actividad preliminar y los informes, el presidente preguntó si alguien tenía algún asunto que discutir. Bob rápidamente habló para decir que el césped necesitaba ser cortado. Varias mujeres se habían quejado de que el césped estaba más alto que sus tobillos.

Jim respondió: "Bueno, la cortadora de césped está rota".

Craig declaró: "Es hora de comprar una nueva cortadora de césped".

Nivel 2   DESACUERDO

Problema: Mezcla de personalidades, objetivos, valores o procesos

Lenguaje: Más vago y general; se utiliza la frase "algunos dicen". El Humor hostily las ridiculizaciones.

Objetivo: La autoprotección es alta. Todo el mundo quiere arreglar el problema y salir bien parados. Hay un cambio de orientación del problema a la persona. En el nivel uno, los participantes quieren arreglar el problema, y en el nivel dos, quieren arreglar a la persona.

Resultado: Ganar/Ganar. Todavía es posible encontrar una solución en la que todas las partes "ganen".

Estrategia: Continue to use collaborative problem solving, but maximize communication skills. The key is to define and discuss the issues, not personalities. Negotiation may be in order at this level.

Historia (Parte II): Tan pronto como Craig declaró que era hora de comprar un nuevo cortacésped, Sam interrumpió e intervino para decir que una trituradora/cortacésped Snapper era la mejor. Craig respondió que un artesano de Sears lo haría bien.

Sam preguntó: "¿Por qué algunas personas en esta iglesia siempre piensan que tenemos que comprar lo más barato cuando mi Dios es dueño del ganado en mil colinas?"

Craig replicó: "No todos en esta iglesia tenemos dinero creciendo en los árboles".

Nivel 3   CONTESTACIÓN

Problema: El enfoque está en la persona y no en los problemas. El enfoque pasa de la autoprotección a la victoria.

Lenguaje: A menudo abrupto y corto - Seguido se producen sobregeneralizaciones. "Estás tratando de destruir esta iglesia cuando la mayoría no está de acuerdo contigo." "Van a romper esta iglesia." Cada lado se magnifica como bueno y el otro lado como malo. Los lados están etiquetados con nombres como fundamentalista o liberal.

Objetivo: Ganar, perder o salirme con la mía.

Resultado: Ganar/Perder. Ganar se convierte en un objetivo importante. La resolución es posible, pero rara.

Estrategia: Se sugiere un mediador externo. La apelación es para el bien de la iglesia u organización. Las personalidades deben ser dejadas de lado y enfocarse en los temas que están a la mano.

Historia (Parte III): El presidente dijo que ya era hora de desestimar y tratar este problema más tarde. Los diáconos más jóvenes se reunieron en el estacionamiento y expresaron su preocupación de que la iglesia necesitaba comprar una trituradora/cortacésped.

Sam dijo: "Podemos dar lo mejor porque Dios merece lo mejor".

A la mañana siguiente en el Dairy Queen, después de una tercera taza de café, Craig dijo: "Hombres, si no lo vigilamos, estos nuevos jóvenes diáconos van a romper esta iglesia. No conocen el valor de un dólar".

Nivel 4   PELEA/HUIDA

Problema: Centrarse en los problemas cambia para centrarse en deshacerse de la persona con la que se identifica el problema.

Lenguaje: Escrituras -- Adornadas se usan a menudo para reforzar el argumento. Se utilizan palabras como "nuestros derechos" y "nuestra iglesia".

Objetivo: Desacreditar a la otra parte y ganar a toda costa

Resultado: Perder/Huida - Una división de la iglesia, miembros saliendo de la iglesia, o una pelea física podrían ser los resultados.

Estrategia: Normalmente, el evento es una reunión de negocios. Se procede a una votación para indicar los números en cada lado de la cuestión. Un tercero, un mediador externo que es visto como parte de la jerarquía o tiene influencia ayuda.

Historia (Parte IV): Al mes siguiente, la reunión de los diáconos fue corta; las emociones eran altas y la ira prevaleció. Después de un largo y acalorado debate sobre qué marca de cortadora de césped comprar, los diáconos acordaron ir a la reunión de negocios y dejar que la mayoría decidiera. Normalmente, un pequeño grupo estaba presente en las reuniones de negocios del miércoles por la noche, pero esta noche se había corrido la voz sobre el desacuerdo, y la casa estaba llena. Claramente, ambos lados estaban en su lugar. El párroco había pedido al Director de Misiones que moderara. El Director pidió que prevalezca el decoro cristiano. Rápidamente, Sam se levantó y dijo: "Propongo que compremos una trituradora/cortacésped para esta iglesia". Varias voces dan el "segundo" a la moción. El moderador pidió que se discutiera. Craig se levantó y dijo: "Director, usted me conoce, y conoce nuestra iglesia. Sólo somos gente común de la clase trabajadora, y los productos de Sears siempre nos han servido bien. Después de todo, la Biblia dice que debemos ser mayordomos del dinero de Dios. El dinero que ahorramos comprando una cortadora de césped Sears en vez de la cortadora de césped Snapper podría ir a misiones". El debate comenzó, y ambas partes se emocionaron y amenazaron con abandonar la iglesia.

Nivel 5   INTRATABLE

Problema: Todo está fuera de control. Reina la confusión. El problema está perdido, y la lucha es por el poder y el control.

Lenguaje: El lenguaje inflamatorio se intensifica -- El lenguaje que describe al otro lado como "del diablo" o "Por el bien del evangelio, debemos librar a nuestra iglesia de estos liberales" se oye a menudo.

Objetivo: Destruye el otro lado. En este nivel, un lado quiere que el otro sufra y sufra. A veces el que más sufre es el párroco.

Resultado: Perder/Perder -- Este nivel es inmanejable y está fuera de control.

Estrategia: Usualmente, alguien usará la constitución de la iglesia para ejercer poder y control. A veces, es necesario llamar a la policía. Pedir que se haga cumplir el poder. Esto es la guerra. La razón y el racionalismo se han quedado en este nivel. La mejor esperanza es votar y dejar que la mayoría gobierne, aunque no siempre es la conclusión correcta. El lado de la minoría usualmente se va, y la iglesia podría ser lastimada por años. Sin embargo, en algunos casos, expulsar al otro lado es lo mejor para la iglesia.

Historia (Parte V): Craig se levantó por quinta vez y tuvo en su mano la constitución y los reglamentos de la iglesia. Citó el artículo ocho que establece claramente que la iglesia usará los mejores principios de administración en la Biblia cuando compre propiedades. Añadió: "Esto significa que estamos obligados por la ley a comprar la cortadora de césped de Sears".

Sam gritó: "Me voy. No quiero a mi familia en una iglesia con tan poca fe. Iremos donde Dios sea honrado y confiado". Con ese comentario, él y su familia se fueron, junto con otras cinco familias.

Grafico de Niveles del Conflicto

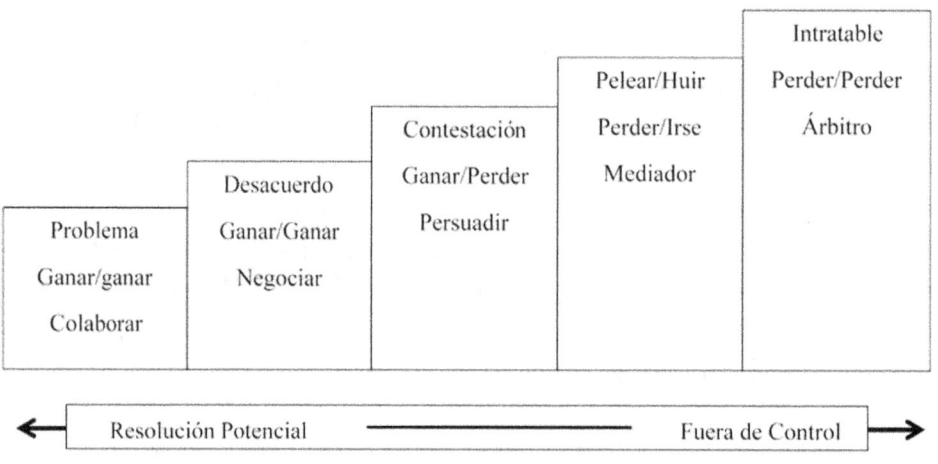

Actividad de Aprendizaje

Desde la columna de Nivel Estructural a la izquierda, dibuja una línea hasta el Indicador de Lenguaje a la derecha que coincida.

Nivel Estructural　　　　　　　　**Indicador de Lenguaje**

1. Problema a resolver

   a. No vamos a dejar que se salgan con la suya. Tenemos que defender nuestros derechos.

2. Desacuerdo

   b. Esto es un problema.

3. ′Contestación

   c. Si la iglesia vota por esto, mi familia y yo nos iremos.

4. Pelea/Huida

   d. The constitution clearly says this.

5. Intratable

   e. I do not agree with you.

Historia de un Nieto

(Despertar frío)

Nuestra familia disfruta regularmente de un gran tazón de helado Blue Bell. La congelación funciona bien, y a menudo el helado es duro como un ladrillo. Como resultado, Susan a veces lo pone en el microondas por un par de minutos para descongelarlo y así hacer más fácil su preparación.

Los padres de nuestro nieto Logan no hacen esta rutina de microondas antes de servir el helado. Por lo tanto, cuando estaba visitando nuestra casa y vio a su abuela llevar el Blue Bell del congelador al microondas, se sorprendió. Exclamó: "No, Nonnie, no. ¡Me gusta mi helado frío!"

CAPÍTULO 6

Estilos del Manejo del Conflicto

Hipócrates (c. 460 a.C. - c. 370 a.C.), quien es descrito como el padre de la medicina moderna, identificó cuatro tipos de personalidades. Alrededor del año 200 d.C., Galeno (un médico griego) desarrolló una lista de fortalezas y debilidades para describir estos cuatro tipos de personas. Galeno atribuyó la reacción física a los "cuatro fluidos" del cuerpo. Estos fluidos lo eran:

Sanguíneo. La persona sanguínea es cálida, viva y llena de vida. Esta persona es extrovertida, rebotadora y orientada positivamente.

Colérico. La persona colérica (agua) es de temperamento caliente, activo, de reacción rápida y de voluntad fuerte. Esta persona no se asusta por los obstáculos y es una adicta al trabajo.

Melancólico. La persona melancólica (bilis negra) es perfeccionista, analítica, abnegada, dotada y muy sensible. Esta persona es generalmente muy fiel y confiable y capaz de diagnosticar problemas y encontrar soluciones.

Flemático. La persona flemática (bilis amarilla) es calmada, fresca, tranquila y relajada. Esta persona está bien equilibrada, con un punto de ebullición bajo, no se molesta fácilmente, está muy interesada en disfrutar de la gente y tiene un fuerte sentido del humor.

En 1966, Tim LaHaye publicó *Spirit-Controlled Temperament*, el primer libro moderno escrito en inglés para cristianos sobre temperamentos. El libro de LaHaye es ingenioso en esta área. LaHaye admite que la clasificación de los cuatro temperamentos no es perfecta, pero es la clasificación de temperamentos más antigua que se conoce. Los temperamentos son otra manera de ayudar a entender las diferencias en las personas.[1]

En el siguiente pasaje bíblico, LaHaye ve apoyo para estas cuatro clases de personas.

Una generación maldice á su padre, y á su madre no bendice. Hay generación limpia en su opinión Si bien no se ha limpiado su inmundicia. Hay generación cuyos ojos son altivos Y cuyos párpados son alzados Hay generación cuyos dientes son espadas, y sus muelas cuchillos, Para devorar á los pobres de la tierra, y de entre los hombres á los menesterosos. (Proverbios 30:11-14).

LaHaye asocia un carácter bíblico como representante de cada uno de estos temperamentos. El sanguinario es Pedro; el colérico es Pablo; el melancólico es Moisés; el flemático es Abraham. LaHaye también ha desarrollado una prueba de asociación de palabras mediante la cual una persona puede descubrir su propio temperamento. El estudio de este libro vale bastante la pena. Me benefició al principio de mi vida cristiana de la lectura de este libro. El problema es que la gente normalmente no usa estas palabras griegas en una conversación normal y siente que no puede entender los significados. Otros escritores han desarrollado métodos más sencillos, como el instrumento DISC, para determinar las diferencias de temperamento.[2]

DISC

El DISC es un instrumento de personalidad en el que las letras "DISC" representan los cuatro temperamentos de (D)ominance (Dominantes), (I)nfluence (Influyentes), (S)teadiness (Firmes) y (C)ompliance (Dóciles). William Marston, autor y psicólogo, desarrolló esta descripción basada en cuatro rasgos de los estilos de comportamiento. Marston publicó este material en *The Emotions of Normal People* (Las emociones de la Gente Normal) en 1928. Marston tomó los títulos griegos de Hipócrates y asignó una de las letras a cada temperamento. El trabajo fue refinado por John Greer y Dorothy Downey en la década de 1970. Dado que DISC nunca estuvo protegido por derechos de autor, varias versiones e instrumentos aparecen bajo este nombre.[3] Dos de los instrumentos DISC más utilizados son *Uniquely You* (Únicamente tú) de Mels Carbonell y *Understanding How Others Misunderstand You* (Entendiendo como otros te malinterpretan) de Ken Voges y Ron Braund.[4]

La fuerza de *Uniquely You* es que combina un inventario de dones espirituales con los cuatro tipos de personalidad de DISC. Las iglesias parecen disfrutar de este enfoque.

Ken Voges y Ron Braund también han desarrollado un instrumento DISC. Su instrumento es mucho más corto que el de Carbonell, pero no tiene el inventario de los dones. Los autores Gary Smalley y John Trent tomaron el DISC y asociaron sus perfiles de temperamento con las características de los animales.[5]

Tabla 3. Temperamento y Perfil del DISC con Personajes

Bíblicos y Personajes Animales[6]

Historic	DISC	Personajes Bíblicos	Animales
Colérico	(D)ominance (*Dominantes*)	Pablo	León
Sanguíneo	(I)nfluencing (*Influyentes*)	Pedro	Nutria
Flemático	(S)teadiness (*Firmes*)	Abraham	Golden Retriever
Melancólico	(C)ompliance (*Dóciles*)	Moises	Castor

Visión General de los DISC

Los temperamentos de *(D)ominance* (Dominantes) tienden a adoptar un enfoque activo, asertivo y directo para obtener resultados. Un personaje bíblico representativo es Pablo; el estudio del caso es *Hechos 9:3-19*. La manera más apropiada de responder a las "*D*" es ser directo, breve y directo. La confrontación puede ser necesaria para llamar su atención.

Los temperamentos *(I)nfluencing* (Influyentes) tienden a ser extrovertidos, amistosos, impulsivos, emocionales y reactivos. Un personaje bíblico representativo es Pedro; el estudio del caso es *Juan 21:1-22*. La manera más apropiada de responder a los

"I" es proporcionar un ambiente amigable; nunca utilizar la confrontación si se desea retroalimentación, y permitir la expresión de sus ideas.

Los temperamentos de *(S)teadiness* (Firmes) tienden a preferir un ambiente deliberado y predecible. Les gustan las situaciones seguras y valoran el comportamiento disciplinado. Un personaje bíblico representativo es Abraham; el estudio del caso es *Génesis 12-22*. La manera más apropiada de responder a las "S" es proporcionar un ambiente sincero, personal y agradable. Mostrar un interés sincero en la persona, y hacer preguntas de "cómo" para obtener una opinión.

Los temperamentos de *(C)ompliance* (Dóciles) tienden a preferir que las cosas se lleven a cabo de acuerdo con procedimientos probados y normas precisas. Un personaje bíblico representativo es Moisés; el estudio del caso es *Éxodo 3-4*. La manera más apropiada de responder a las "C" es estar preparado de antemano, proporcionar ventajas y desventajas de las ideas, apoyar las ideas con datos precisos y ofrecer una descripción exacta del trabajo con una explicación precisa de cómo encaja en el panorama general. Debes no estar de acuerdo con los hechos, pero no con la persona.[7]

El siguiente cuadro muestra los resultados de la encuesta de mi tesis doctoral.

La encuesta fue a pastores en el área del Este de Texas. Las encuestas consistieron en un perfil de personalidad (DISC) y un instrumento de estilo de gestión de conflictos. *Uniquely You* da los resultados de la encuesta para los temperamentos de personalidad de los miembros laicos y aquellos en la población en general también usando el DISC como instrumento de la encuesta. Los resultados revelan que la mayoría de los tres grupos encuestados son S y C, según la encuesta de DISC.

Análisis comparativo de

Los perfiles de personalidad de los pastores y sus

Estilos de Manejo de Conflictos[8]

1532 Pastores
 148 Iglesias sin Pastores
1384 Posibles Encuestados
 763 Regresos 55.13%

Pastores	Miembros de la Iglesia	Población General
D - 11.9%	S's y C's - 85-95%	D - 1%
I - 21.3%		I - 25%
S - 43.0%		S - 45%
C - 23.8%		C - 35%

DISC Responses to Conflict[9]

D--	Cómodo Miedo	Decisivo Perder
I--	Cómodo Miedo	Entusiasta Rechazo
S--	Cómodo Miedo	Solidario Cambio
C--	Cómodo Miedo	Estructurado Estar equivocado

Nota que cada estilo tiene un nivel de comodidad en ambientes específicos y el nivel del miedo indica que la persona está en conflicto y teme el posible resultado.

El inventario DISC se considera mucho más fácil de administrar y evaluar que cualquiera de los inventarios de personalidad anteriores que he utilizado. Hay que reconocer que hay puntos débiles. A veces, el instrumento no puede retratar el temperamento correcto de una persona. Sin embargo, en su conjunto, es una herramienta valiosa para el ministerio.

Actividad de Aprendizaje

Instrumento DISC

1. Completa el Instrumento DISC que se encuentra en la siguiente página.
2. ¿Te sorprendió algo sobre ti mismo?

Manteniendo la Paz en la Iglesia

DISC Behavior Survey
(Natural Behavior)

> **Instructions:** Focus on your **instinctive behavior** and not what you perceive is the best response. Be aware, there are no right or wrong answers.
>
> **How to respond:** Rank each **horizontal row** of words on a scale of 4,3,2,1 with 4 being the word that *best* describes you and 1 being the *least* like you. Use each number in each line *only once*. Below is an example:
>
> [2] Dominant [1] Influencing [4] Steadiness [3] Compliant

☐ Forceful	☐ Lively	☐ Modest	☐ Tactful
☐ Aggressive	☐ Emotional	☐ Accommodating	☐ Consistent
☐ Direct	☐ Animated	☐ Agreeable	☐ Accurate
☐ Strong-willed	☐ People-oriented	☐ Gentle	☐ Perfectionist
☐ Daring	☐ Impulsive	☐ Kind	☐ Cautious
☐ Competitive	☐ Expressive	☐ Supportive	☐ Precise
☐ Risk taker	☐ Talkative	☐ Cooperative	☐ Factual
☐ Argumentative	☐ Fun-loving	☐ Patient	☐ Logical
☐ Bold	☐ Spontaneous	☐ Stable	☐ Organized
☐ Take Charge	☐ Optimistic	☐ Peaceful	☐ Conscientious
☐ Candid	☐ Cheerful	☐ Loyal	☐ Serious
☐ Independent	☐ Enthusiastic	☐ Good listener	☐ High standards
___ Total	___ Total	___ Total	___ Total
☐	☐	☐	☐

* Note: If your totals do not add up to 120, you did not complete the survey correctly or you made a mistake in adding up the totals. Recheck your work.

> This assessment survey is designed to determine your general DISC styles. For a more precise evaluation, the author recommends instruments using a "Most/Least" selection process which provides an expanded profile analysis.

"Encuesta de comportamiento de DISC (comportamiento natural)"

Instrucciones: Concentrate en tu comportamiento instintivo y no lo que percibas como la mejor respuesta. Esta atento, no hay respuestas correctas o erradas

Como responder: Valua cada fila horizontal de palabras en una escala de 4,3,2,1 con 4 siendo la palabra que mejor te describe y 1 siendo la que menos te describe, usa cada numero en cada linea solo una vez. abajo hay un ejemplo:

2 dominante	1 influyente	4 constante	3 obediente
Fuerte	Vivaz	Modesto	Discreto
Agresivo	Emocional	Acomodado	Consistente
Directo	Animado	Amable	Acertivo
Fuerte de Voluntad	Orientado a la gente	Dulce	Perfeccionista
Osado	Impulsivo	Amigable	Cuidadoso
Competitivo	Expresivo	Apoyador	Preciso
Tomador de Riesgos	Hablador	Cooperativo	Factual
Argumentativo	Amante de la diversion	Paciente	Lógico
Atrevido	Espontaneo	Estable	Organizado
Asumir Cargos	Optimista	Pacífico	Concienzudo
Cándido	Animador	Leal	Serio
Independiente	Entusiasta	Buen escucha	Altos Estándares

Nota: si tú total no suma más de 120, no completaste la encuesta apropiadamente o cometiste un error sumando los totales, revisa de nuevo. *Esta encuesta esta diseñada para determinar tus estilos de DIS. Para una evaluación más precisa, el autor recomienda instrumentos usando el proceso de selección de "Más/Menos"lo que provee un perfil expandido con un mejor análisis*

Tallying your score:

1. On page two, enter the letter "D" in the first large box; enter "I" in the second, "S" in the third, and "C" in the fourth.

   Transfer the DISC totals from the bottom of page 2 to the tally box below:

   Tally Box

D	I	S	C

2. Using the totals from your tally box, plot your D-I-S-C dimensions on the graph to the right; then connect the four points.

3. My plotting point color(s) above the midline are _____ and below the midline are _____.
   Colors that are not a part of my style are _____.

4. Below are definitions of the four DISC styles. (Circle) the information that best describes you.

Defining Your DISC Styles

Dominant Styles: Work toward *achieving goals* and *results*; they function best in an *active* **and** *challenging* environment.

Influencing Styles: Work toward *relating to people through verbal persuasion*; they function best in a *friendly* **and** *favorable* environment.

Steadiness Styles: Work toward *supporting* and *cooperating* with others; they function best in a *supportive* **and** *harmonious* environment.

Conscientious Styles: Work toward ***doing things right*** and ***focus on details***; they function best in a ***structured and orderly*** environment.

Based on the information above, write a personalized definition.

I tend to work toward...

and function best in an environment that is....

DISC PROFILE

High Style — D I S C — High Style

- 48 Extreme
- 44
- 40
- 36 Strong
- 32
- 30 Midline
- 28
- 24 Strong
- 20
- 16
- 12 Extreme

Low Style — D I S C — Low Style

"Calculando tus Resultados"

1. En la pagina dos, inserta la letra "D" en la primera caja grande; inserta "I" en la segunda; "S" en la tercera, y "C" en la cuarta.
Transfiere los Totales del DISC desde la parte de debajo de la Págína 2 hasta la cajita de abajo
2. Usando los totales de tu caja de conteo, Conecta las dimensiones de tu DISC en el gráfico de la derecha, luego conecta los cuatro puntos
3. la trama de mis puntos de color arriba de la línea de en medio son _____ y debajo de la línea de en medio son _____ Los colores que no son parte de mi estilo son _____
4. Abajo están las definiciónes de los cuatro estilos de DISC. Encierra en un círculo la información que mejor te describa.

Definiendo tu estilo de DISC

Estilos dominantes: Trabajan para conseguir metas y resultados; ellos funcionan mejor en ambientes activos y retadores.

Estilos Influenciables: Trabajan para relacionarse con las personas a través de la persuasión verbal; ellos funcionan mejor en ambientes amigables y favorables

Estilos Fírmes: Ellos trabajan hacia cooperar y y apoyarse con otros; ellos funcionan bien en un ambiente alentador y armonioso

Estilos Obedientes: Trabajan para hacer las cosas bien y se concentran en detalles; ellos funcioanan mejor en un ambiente estructurado y ordenado

Basados en la información de arriba, escribe una definición personal.

Tiendo a trabajar hacia...

Y mi mejor ambiente para funcionar es...

CAPÍTULO 7

Diferencias Generacionales

En la gestión de conflictos, una comprensión de los tipos de personalidad como la revelada por el DISC beneficiaría a cualquier consultor/mediador. Otra herramienta valiosa para entender la forma en que las personas reaccionan en los conflictos son las diferencias generacionales. Es importante entender las diferencias generacionales, porque las personas se dividen naturalmente a lo largo de las líneas generacionales. Sin embargo, la Biblia dice que los cristianos deben ser uno solo.

Juan 17:22, "Y yo, la gloria que me diste les he dado; para que sean una cosa, como también nosotros somos una cosa."

1 Timoteo 4:12, "Ninguno tenga en poco tu juventud; pero sé ejemplo de los fieles en palabra, en conversación, en caridad, en espíritu, en fe, en limpieza."

Las generaciones responden de manera diferente a la música, el trabajo, la lealtad a la iglesia y la mediación de conflictos. Un mediador de conflicto serio debe tener algún conocimiento de estas diferencias generacionales para facilitar la reconciliación. He desarrollado la siguiente tabla sobre las diferencias generacionales como resultado de la lectura de varias fuentes.[10]

Observa la Tabla de Diferencias Generacionales que sigue a continuación.

Cuadro de Diferencias Generacionales

Nombre de la Generación	Nacimiento	Influencias Mundiales	Características de Trabajo	Iglesia	Acercamiento en el conflicto
*Constructores *Generación Silenciosa	Antes de 1946	*Vida Rural *Depresión *Guerras Mundiales	*Trabajadores Duros *Leales *Guardan para los días de lluvia	*Comprometidos *Fieles a la confesión *Prefieren Música Tradicional	"Por el bien de la Iglesia"
*Boomers o Bebés Boomers *Me-Generation	1946-1964	*Televisión *Guerra Fría *Amenaza Nuclear *Rock & Roll *Derechos Civiles *Era Espacial *Drogas	*Impulsados por valores *Cuando jóvenes querían cambiar el mundo *Con posiciones actuales de autoridad *Trabajan su camino hacia la cúspide *Mujeres en sitios de trabajo	*Relaciones *Deseos de pertenecer *Responden a estudios de la Biblia y sermones	"La Biblia enseña"
*Busters *Generación X	1965-1983	*Roe vs. Wade *Alta Tecnología *Videojuegos *El muro de Berlín se cae *Chicos sin supervisión *Divorcio	*Prestos para aprender nuevas habilidades *Desean trabajos con propósitos importantes *Prefieren trabajar solos *Multi-cultural	*Grupos pequeños *Iglesia en casa *Servicios Contemporáneos. *Responden a música de adoración y viajes misioneros	"Necesitamos respetar los puntos de vista de cada uno"
*Bridgers *Generación Z *Millennials	1984-2002	*Internet *MTV *You Tube *Terrorismo y el 9-11	*Ellos no esperan pagar sus deudas *Opiniones valoradas *Conocimientos Técnicos *Mejor educados *Valores de familia, por ende "todos involucran niños malcriados"	*Comprometidos al grupo *Desean interactividad *Alabanza Interactiva *Mejor con un café en la mesa	"Necesitamos escucharnos entre todos"

Actividad de Aprendizaje

1. Discute el Cuadro de Diferencias Generacionales con un grupo de edades diversas.

2. Refiriendonos al cuadro de arriba, comparte en que estás de acuerdo y en qué no.

3. Comparte de la experiencia presente o pasada cómo las diferencias generacionales han contribuido al conflicto en la iglesia.

Resumen de la Sección 1

Para ser un gestor de conflictos, mediador y/o pacificador eficaz, tú debes:
1. Aceptar el hecho de que el conflicto existe. Negar el conflicto es retrasar la reconciliación.
2. Trabajar en no ser tan sensible y aprender a pasar por alto una ofensa.
3. Sé honesto y pregúntate: "¿Hay algún comportamiento pecaminoso en mi vida?"
4. Adhiérete a la verdad de que no todos los conflictos son malos. La forma en que se gestiona el conflicto determina si es bueno o malo.
5. Aprende a identidicar signos del conflicto.
6. Escuchar a las partes en conflicto y determina el nivel de conflicto a partir de su lenguaje.
7. Acepta tu estilo de personalidad e identificar los estilos de personalidad de los demás.
8. Pregúntate si hay algun problema generacinal en el conflicto.

Aplicaciones Prácticas

Prepárate leyendo y asistiendo a seminarios sobre gestión de conflictos. Piensa en tu propia filosofía del conflicto. Practica la escucha y observación de los demás para identificar su tipo de personalidad y el nivel de conflicto involucrado. La experiencia es el mejor maestro. A medida que te preparas y te pones a su disposición, Dios te usará. Gran parte de este material tendrá más sentido a medida que usted se involucre en el manejo de conflictos.

Manteniendo la Paz en la Iglesia

Sección 2
Problemas (Causas del Conflicto)

Introducción

Como se relata en Génesis, el conflicto ha existido desde la caída de Adán. Cuando se intenta manejar un conflicto, una persona necesita estar consciente de las causas del conflicto. Estos son los principales problemas que entran en conflicto con nuestras iglesias.

Me convertí en Director de Misiones en 1987 a la edad de 37 años. Yo era el Director de Misiones más joven en el estado de Texas en ese momento. En mis 21 años como Director de Misiones, serví en dos áreas y cinco asociaciones diferentes. Mi primera área tenía 50 iglesias, con 20 de esas iglesias en una sola asociación. Mi última área tenía 115 iglesias y misiones, con 50 iglesias en una sola asociación. Un Director de Misiones usa muchos sombreros. Es consultor de las iglesias, estratega misionero, vínculo con los recursos de la denominación, pastor de pastores y animador. También pasa muchas horas con iglesias en conflicto.

Cuando me convertí en estudiante de gestión de conflictos, investigué las causas de los conflictos con el fin de comprenderlos. Mi investigación me llevó a una encuesta aleatoria de 220 Directores de Misiones en Asociaciones Bautistas del Sur en 40 convenciones estatales. Esta encuesta no científica consistió en un cuestionario de una página. La investigación indicó que los principales problemas que causan conflicto en nuestras iglesias son los siguientes.[1]

Surveys of Conflict

1984	1988
Problemas de Control	Comunicación
División	Inmoralidad
Liderazgo	Desempeño
Mandato	Liderazgo
Relaciones Interpersonales	Problemas de Control
Desempeño	Personalidad

1990	1997
Personalidad	Problemas de Control
Desempeño	Poca habilidad del pastor con la gente
Problemas de Control	Estilo de Liderazgo muy fuerte
Estilo de Liderazgo muy fuerte	Iglesia ya estaba en conflicto
Asistencia	Conflicto con el personal
Estilo de Liderazgo muy débil	Resistencia de la Iglesia al cambio
	Incompetencia administrativa del Pastor
	Estilo de Liderazgo muy débil
	Conducta sexual inapropiada
	Estilo de adoración

La encuesta de los Directores de Misiones continuó, pero el instrumento de la encuesta cambió; se pidió a los Directores que proporcionaran sólo las diez causas principales de conflicto cuando las trataran en su asociación. Los Directores de Misiones de los bautistas del sur publicaron la siguiente lista que indica solamente las diez causas principales del conflicto.

2005	2007
Problemas de control	Problemas de control
Poca habilidad del pastor con la gente	Poca habilidad del pastor con la gente
Resistencia al cambio de la Iglesia	Resistencia al cambio de la Iglesia
Liderazgo del pastor muy fuerte	Iglesia que ya estaba en conflicto
Iglesia que ya estaba en conflicto	Liderazgo del pastor muy fuerte
Disminución de asistencia	Liderazgo del pastor muy débil
Liderazgo muy débil	Disminución de asistencia
Incompetencia Administrativa	Incompetencia Administrativa
Conducta sexual inapropiada	Conducta sexual inapropiada
Conflicto con el personal	Desacuerdo con la doctrina

2009	2012
Problemas de control	Problemas de Control
Liderazgo del pastor muy débil	Poca habilidad del pastor con la gente
Liderazgo del pastor muy fuerte	Iglesia se resiste al cambio
Iglesia se resiste al cambio	Liderazgo del pastor muy fuerte
Iglesia que ya estaba en conflicto	Iglesia que ya estaba en conflicto
Conducta sexual inapropiada	Disminución en la asistencia

Conflicto con el personal	Liderazgo del pastor muy débil
Disminución de la asistencia	Incompetencia Administravida
Poca habilidad del pastor con la gente	Conducta sexual inapropiada
Pastor se queda demasiado en la Iglesia	Desacuerdo con la doctrina[2]

Las diez causas principales de conflicto de mi investigación y experiencia personal son: (Al estilo de David Letterman, la lista va de menor a mayor.)

10. Guerras de adoración (cuestión subyacente relacionada con los numerosos conflictos mencionados anteriormente)
9. Política de iglesia
8. Personal
7. Conducta sexual inapropiada
6. Incompetencia
5. Iglesia que ya estaba en conflicto
4. Comunicación
3. Resistencia de la Iglesia al cambio
2. Liderazgo del pastor muy débil o muy fuerte
1. Problemas de control

Historia de un Nieto

(Dolor o Panel)

Escuché acerca de este predicador que estaba supliendo para un pastor que estaba lejos de su iglesia. Se llevó a su nieto con él. El párroco le pidió que presentara el "sermón de los niños" y que predicara el mensaje principal. Debido a que quería explicar a los niños y niñas que escuchaban el sermón de sus hijos lo que era un predicador de suministros, llamó su atención sobre una de las ventanas de la iglesia a la que le faltaba un cristal y que tenía un pedazo de cartón que cubría el agujero. El predicador dijo: "Muchachos y muchachas, hoy estoy aquí como ese pedazo de cartón. Estoy tomando el lugar del panel."

Después de la misa, su nieto le dijo: "Paw Paw, no eres un pedazo de cartón, hoy eres un 'verdadero dolor'".

CONFLICTO 10

Guerras de Adoración

Historia

El asistente administrativo me informó que el Sr. Stephens vino a verme. Aunque no tenía cita, le dije al asistente que lo invitara a pasar. El Sr. Stephens, un hombre de setenta años, era diácono en la Iglesia Bautista de Danville y había sido un participante activo en la asociación bautista local. Lo que sea que estuviera en su mente, sabía que necesitaba tiempo para escuchar.

El Sr. Stephens se sentó en la silla frente a mi escritorio y aceptó la oferta de una taza de café de mi asistente. Después de una pequeña charla sobre el clima, la reciente pérdida de los Dallas Cowboys y la construcción del nuevo dormitorio en nuestro campamento, el Sr. Stephens reveló el propósito de su visita.

"Hermano Smith," empezó, "Tenemos un problema en Danville, y necesito de tu ayuda."

Yo le contesté: "Háblame de ello, y sabes que te ayudaré". No sabía el problema ni lo que podía hacer al respecto, pero como Director de Misiones quería ayudar a cualquiera de los que estaban conectados a las 120 iglesias de la zona porque estaban sufriendo. El Sr. Stephens compartió su historia mientras yo estaba sentado escuchando.

"Bueno, hermano Smith, todo comenzó con nuestro nuevo cantante líder, Shawn Lawson. Ahora, es un buen cantante, aunque joven. Lo primero que hizo fue empezar a cantar con esa música 'enlatada'."

"Disculpeme," Interrumpí. "Que es esa música en latada?"

El Sr. Stephens explicó, "Oh, ya sabes, cantar con esas cintas en vez de con nuestro pianista. Fue como una bofetada en la cara de Rose Mary. Ella ha estado tocando el piano en nuestra iglesia durante 40 años. Para él no usar sus talentos es una vergüenza. Hno. Smith, sabes que es buena. Tocó en varias reuniones de la asociación. Cualquier iglesia en nuestro condado estaría encantada de tener a Rose Mary como su pianista.

Oí que la Iglesia Bautista Trinidad no encuentra a nadie que toque para ellos. Somos afortunados en Danville de tenerla".

Mientras el Sr. Stephens bebía su café, pensé: "*Qué pena*". Hace seis meses la Iglesia Bautista de Danville era una iglesia de 50 que había estado en decadencia durante 10 años. Luego Bob Jackson, un joven estudiante del seminario que era un excelente predicador, fue llamado como pastor. Mientras visitaba la comunidad, la iglesia creció a más de cien. Cuando Bob aceptó por primera vez el pastorado, el servicio de canto consistió en que Rose Mary seleccionó las canciones y Bob anunció el número del himno. Nadie podía o quería dirigir la música. Por lo tanto, Bob decía los números de los himnos, pedía a los miembros que oraran, hacía anuncios, predicaba el sermón y daba la invitación. Después de un mes, les informó a los diáconos que no podía continuar con esta rutina y que necesitaba ayuda. Todos estuvieron de acuerdo.

El presidente de los diáconos dijo: "Hno. Bob, estamos de acuerdo contigo. Necesitamos un líder cantante joven para llegar a nuestras parejas jóvenes. Si encuentras uno, nos aseguraremos de tener el dinero para pagarle".

Bob encontró a un estudiante de último año de secundaria, Shawn Lawson, en una iglesia cercana. Tenía mucho talento para sus años y había estado en el All-State Choir and Band de su escuela. Líder entre los jóvenes de su iglesia, había anunciado públicamente su llamado al ministerio. Por lo tanto, cuando Bob se acercó a él acerca de ser el Ministro de Música en la Iglesia Bautista de Danville, se emocionó. Esta sería su primera posición en el ministerio, y estaría ganando dinero para ayudar a pagar su universidad en el otoño. Aceptó el trabajo, y durante los primeros meses la iglesia estuvo encantada. Los miembros mayores se jactaban en la ciudad de su joven y dinámico pastor y líder de la banda. La iglesia continuó creciendo.

Ahora me encuentro escuchando otra historia sobre una iglesia en crecimiento entrando en conflicto.

Mientras dejaba su taza de café, el Sr. Stephens continuó: "Hace unos dos meses, el joven líder del canto vino a la reunión de los diáconos. Nunca dejamos que un líder del canto venga antes. Sin embargo, los tres nuevos diáconos dijeron que le dejaran hablar. El cantante líder dijo que su iglesia natal, Fellowship, fue la que sacó a Bautista de su nombre. No me gusta eso..."

Asentí con la cabeza.

El Sr. Stephens continuó, "La Fraternidad quería darnos su antigua edición de 1975 de *Baptist Hymnals*. Hno. Smith, desde 1957 hemos usado esa edición en el servicio de la mañana y el *yeller paper*, *Heavenly Highways*, en el servicio de las seis. Bueno, Hno. Smith, no podíamos ver que usar los nuevos himnarios dañaría nada, así que estuvimos de acuerdo. Pero Hno. Smith, no se detuvo ahí. El joven Shawn continuó diciendo que planeaba instalar dos pantallas de proyección y comprar un videoproyector. Grant, nuestro diácono más antiguo, quería saber por qué. Los tres jóvenes diáconos respondieron que la iglesia necesitaba los proyectores porque a los jóvenes les gustaba cantar fuera de la pantalla. Bueno, después de mucha discusión, acordamos.

"Cuando llegamos a la iglesia el domingo, todas las ediciones de 1957 habían desaparecido y las de 1975 estaban en los estantes de los bancos. Las pantallas estaban levantadas, y cantamos dos canciones con himnos y cuatro sin ellos. A nadie pareció importarle hasta después del servicio. Luego, Rose Mary pidió hablar con los diáconos y el pastor. Rose Mary se puso a llorar y apenas pude oírla, pero me dijo: `He tratado de ser fiel durante cuarenta años, tocando el piano, pero si ustedes piensan que no soy necesaria, dimitiré".

Nuestro presidente de diáconos, el joven Roy Williams, preguntó: 'Rose Mary, ¿por qué crees que queremos que renuncies?'

Ella sollozaba: "Bueno, reemplazaste los himnarios para los que mi abuelo recaudó el dinero, pero los has reemplazado con estos nuevos himnarios modernos sin preguntarme"

El joven Williams estaba tratando de ayudar, así que dijo, `Rose Mary, ciertamente no hicimos esto para lastimarte. "Estos libros nos fueron entregados"

Bueno, hermano Smith, la reunión terminó. Esa noche cuando regresamos a la iglesia, encontramos en cada banco de iglesia los himnarios de la edición de 1957, los himnarios de la edición de 1975, y los himnarios de Heavenly Highways (Carreteras Celestiales). Parecía una librería. Nunca vi tantos himnarios en una iglesia. Las dos pantallas hicieron que la iglesia pareciera un cine. Cantamos esas 'cancioncitas' "

Lo miré como si no supiese a que se refería con 'cancioncitas'

Él continuó: "¡Ya sabes! Esos pequeños coros, canciones de alabanza que mi primo Archie llama canciones 7-11. Eso significa que la canción tiene siete palabras, y ha sido cantada once veces. Hno. Smith, me temo que nuestra iglesia se va a dividir. ¿Qué vamos a hacer?"

Resultados de la Historia

Después de dos meses de continuos conflictos, el joven director musical renunció. Al mes siguiente, el pastor renunció y la iglesia perdió a muchos de sus miembros. Pronto la iglesia volvió a estar por debajo de 50 en asistencia y cantando viejos himnos. Un nuevo grupo formó otra iglesia y cantó coros con una guitarra.

Escrituras

Hay mucha diversidad en la manera en que las iglesias incorporan la música en su adoración. Algunos tienen coros con togas y cantan himnos e himnos tradicionales, mientras que otras iglesias han ido a alabar a los equipos en lugar de a los coros. Algunos usan himnarios, y otros muestran las palabras de los himnos en una pantalla grande. Algunos usan sólo música de piano y órgano, mientras que otros tienen una orquesta completa o una banda de alabanza.

El conflicto no es por el derecho de una iglesia autónoma a elegir su estilo de música preferido. El conflicto generalmente viene cuando un nuevo pastor o ministro de música busca cambiar el estilo. Si tu iglesia ha tenido alguna vez un conflicto por la música, tienes mucha compañía. Estas llamadas guerras de adoración han sido ampliamente reportadas.

El corazón del asunto en las guerras de adoración no es el estilo de la música, sino la falta de comprensión de la adoración bíblica. Sin embargo, hay algo que decir para aquellos que son sinceros en su adoración pero que todavía encuentran que ciertos estilos de música son molestos.

Casi todos están de acuerdo en que la música es una fuerza poderosa. Dios creó la música. La música es una gran parte del ministerio de cada iglesia. La Biblia nos instruye a cantar. Ten en cuenta lo siguiente:

El verbo *confersar* aparecen en la Biblia 21 veces.

La palabra *arrepentimiento* aparece en la Biblia 38 veces.

La palabra *orar* aparece en la Biblia 117 veces.

The word *teach* appears in the Bible 118 times.

La palabra *cantar* aparece en la Biblia 145 veces.

David Dykes, pastor de la Iglesia Bautista Green Acres en Tyler, Texas, predicó un sermón el 3 de septiembre de 2006 titulado "El tipo de música que Dios ama".1 Dio algunos consejos sobre la música basados en Colosenses 3:16: " La palabra de Cristo habite en vosotros en abundancia en toda sabiduría, enseñándoos y exhortándoos los unos á los otros con salmos é himnos y canciones espirituales, con gracia cantando en vuestros corazones al Señor".

El Tipo de Música que Dios Ama

1. Dios ama diferentes estilos de música.

En Colosenses 3:16, hay tres tipos diferentes de música que Dios aprueba.

A. Salmos

Un salmo es una canción acompañada de un salterio, un tipo de instrumento de cuerda. Cuando cantamos un salmo, simplemente estamos cantando la Palabra de Dios. El libro de los Salmos es un cancionero que consta de 150 salmos diferentes. Hay un salmo para casi todas las necesidades emocionales.

B. Himnos

La palabra inglesa para himnos es una transliteración de la palabra griega humnos. Los himnos pueden definirse como canciones compuestas para la adoración y la enseñanza. La diferencia obvia entre un himno y un salmo es que un salmo es inspirado por Dios y es la palabra infalible e inerrante de Dios. Los himnos pueden ser inspiradores, pero no son inspirados como las Escrituras. Los himnos son escritos por hombres y mujeres que se sentaron con la intención de componer una canción para honrar a Dios.

Los comentarios de Dykes sobre los himnos me recordaron a una época en la que pastoreaba a un anciano que dirigía la música en la escuela bíblica de vacaciones. Hizo algo que me irritó y tuve que corregirlo. Cuando guiaba a los niños y niñas a cantar "*The B-I-B-L-E*", pidió a los niños que levantaran sus Biblias. Él les dijo: "Si no tenéis Biblia, levantad un libro de himnos. Está inspirado como la Biblia". Tuvimos más de una discusión sobre este tema. Me encantan los himnos, y creo que los escritores se inspiraron para escribirlos. De hecho, uno de los momentos más conmovedores y especiales de mi vida fue cuando Susan y yo estuvimos en la tumba de Fanny Crosby en Bridgeport, Connecticut. Fanny Crosby era una escritora ciega que compuso más de 8.000 himnos. Sin embargo, ni los himnos de Crosby ni ningún otro himno es inspirado como la Palabra de Dios.

C. Coros de Alabanza

Los cantos espirituales son cantos de alabanza. La frase en la Biblia es *ode pneumatikos*. Recibimos nuestra *oda* de palabras, que significa canción, desde la primera palabra de la frase. La segunda palabra *pneumatikos* significa "la actividad del Espíritu". La palabra griega para espíritu es *pneuma*, que significa espíritu, viento, aliento, de donde obtenemos nuestra palabra pneumática. Una oda del espíritu es un simple y espontáneo canto de alabanza, un canto al Señor. Hoy en día, llamamos a estas canciones *coros de alabanza*.

La diferencia obvia entre una Coro de Alabanza y un himno es que el compositor de un himno se sienta y trabaja deliberadamente para estructurar una canción. El compositor de un coro de alabanza suele empezar a cantar, sin premeditación y sin planificación. Algunos que no les gustan los coros de alabanza se refieren a ellos como "cancioncitas" o "7-11 canciones", indicando que parecen tener siete palabras cantadas once veces. Algunos dicen que son teológicamente débiles y que no tienen la carne espiritual que tienen los himnos. Los que gustan de estos cantos de alabanza disfrutan de la música más contemporánea que los acompaña y se sienten implicados en la actividad del Espíritu.

II. La Evidencia Bíblica de que Dios ama diferentes estilos de música.

A. La música bendice a Dios.

"Bendice, alma mía a Jehova; y bendigan todas mis entrañas a su santo nombre," (Salmos 103:1). Cuando cantamos, estamos cantando a Dios. La verdadera adoración es siempre una audiencia de uno. Puede que no lo admitamos, pero nos gusta cuando la gente nos canta un cumpleaños feliz. Nos gusta porque nos hace sentir bien que les importe lo suficiente como para cantarnos. Dios es de la misma manera. Le gusta cuando le cantamos. Salmos 22:3 dice, "Tú empero eres santo, Tú que habitas entre las alabanzas de Israel."

B. La Música me bendice.

"¿Por qué te abates, oh alma mía?" (Salmos 42:5).

"Espera a Dios; porque aún le tengo que alabar, es él salvamento delante de mi y el Dios mío" (Salmos 42:11). Cuando canto alabanzas a Dios, siento que un cambio me invade. Jack Taylor, un predicador popular en los años 60 y 70, solía decir: "La alabanza es a la vez el tónico más poderoso para un alma cansada y la mejor terapia para un espíritu pesado". La alabanza es el arma secreta de la iglesia contra el enemigo. La alabanza detiene dudas y riega la fe al mismo tiempo.[2]

C. La Música bendice a otros.

"Bendeciré a Jehova en todo tiempo, su alabanza será siempre en mi boca. . . oiránlo los mansos y se alegrarán," (Salmos 34:1-2).

Estaba en un viaje de misión en África con un autobús lleno de americanos cuando nos encontramos con un gran grupo de manifestantes. Tiraron piedras a nuestro autobús. Luego, en masa, se acercaron al autobús y comenzaron a balancearlo de un lado a otro. Varios pasajeros se asustaron. De repente, alguien empezó a cantar, luego otro y otro hasta que todos en el autobús estaban cantando alabanzas a Dios. El miedo fue cambiado por la esperanza. Los manifestantes se retiraron y nos permitieron continuar. La música es una fuerza poderosa.

El estilo musical no tiene por qué ser una fuente de guerras de adoración. Gran parte del conflicto que rodea a la música es causado por el enfoque que los líderes toman para lograr el cambio. Parte del problema es creado por la actitud. Oí a un anciano decir: "A mí personalmente no me gustan los cantos de alabanza, pero si a mi nieto le gustan y eso lo mantiene en la iglesia, puedo tolerarlos"

El conocido investigador nacional George Barna, orador en el Simposio sobre música cristiana de la Universidad de Baylor, dijo: "Las 'guerras de adoración' han exagerado el alcance del problema al tiempo que han ignorado los verdaderos problemas relacionados con la adoración. El mayor desafío no es cómo usar la música para facilitar la adoración, sino ayudar a la gente a entender la adoración y a tener una pasión intensa por conectarse con Dios". Barna notó que relativamente pocas iglesias tienen batallas musicales intensas; más bien, la mayoría tiene muy poca gente que realmente involucre a Dios en la adoración. Barna dijo: "La música es sólo una herramienta para que la gente pueda expresarse a Dios, pero a veces pasamos más tiempo discutiendo sobre la herramienta que sobre el producto y el propósito de las dos"

Barna animó a los líderes de la iglesia a volver a lo básico. Dice: "Mucha gente de la iglesia pelea por la música porque todavía no han entendido el propósito de la música en el proceso de adoración. Estas batallas son distracciones inapropiadas de un ministerio significativo y un discipulado fructífero. Los cristianos necesitan ser más celosos y dedicados a adorar a Dios".[3]

Sugerencias

Ha habido muchas sugerencias para solucionar este conflicto.
1. Ora para hacer un cambio en el servicio de adoración.
2. Comunícate con la Iglesia antes del cambio.
3. Escucha y se sensible con otros.
4. Intenta un estilo mezclado al principio con himnos y alabanzas.
5. Educa a la gente con pasajes como Colosenses 3:16 así como sobre los cambios en otras iglesias y en nuestra cultura.
6. Trata de no hacer de la Iglesia algo que no es.
7. Considera tener dos servicios de adoración diferentes: uno tradicional y otro contemporáneo.
8. Recuerda el propósito de la adoración.

Actividad de Aprendizaje

Prueba de Diversidad

Un amigo mío, Norris Smith (sin parentesco), compartió conmigo un Cuestionario de Diversidad que no indica conflicto pero revela la diversidad congregacional que puede contribuir al conflicto. El propósito de la encuesta es animar a un grupo a reconocer la diversidad y a vivir en paz en medio de la diversidad.

Prueba de Diversidad[4]

Marca con un círculo el número (1, 2, 3, 4 o 5) para representar tu opinión. [Uno (1) más cercano a 1A y cinco (5) más cercano a 1B]

Dice "Tienes razón, yo no fui elegido pastor, desde que tuve el traje, solo asumí que estaba a cargo"

Arriba: "Política de Iglesia"

CONFLICTO 9

Política de Iglesia

Historia

Desde que comenzó a pastorear a la edad de 18 años, Richard (ahora a mediados de sus treinta años) había pastoreado tres iglesias anteriores. Había experimentado conflictos con los diáconos en cada iglesia y renunció o fue despedido de esas iglesias. Había estado en su iglesia actual, la Iglesia Bautista del Calvario, durante dos años. Esos dos años estuvieron marcados por la paz y el crecimiento. Antes de la llegada de Richard como pastor, la iglesia tenía un promedio de 110 asistentes, pero había crecido a 300, con varias familias jóvenes que se unieron a la iglesia.

Richard discipulaba y mentoraba regularmente a cinco jóvenes. Una de sus sesiones de discipulado trató el tema de la política de la iglesia. Richard compartió que él sentía que el punto de vista bíblico de la política de la iglesia era una pluralidad de ancianos para dirigir la iglesia y que los diáconos debían ser siervos, no tomadores de decisiones. Los cinco jóvenes aceptaron este punto de vista, y después de un mes le preguntaron a Richard: "¿Por qué no tenemos ancianos?"

Richard dijo que esa decisión dependía de la iglesia, y sugirió que preguntaran a los diáconos. Uno de los jóvenes, un diácono, sacó el tema en la próxima reunión de diáconos. La discusión se acaloró cuando uno de los diáconos mayores dijo: "Mira, joven, los ancianos no son bautistas. Eso es presbiteriano". Pronto, la conversación de esa reunión fue el tema de discusión en varias clases de escuela dominical, grupos pequeños y confraternidades. Después de unos tres meses en los que este tema ocupó gran parte de la discusión de la iglesia, el tema fue traído a la reunión de trabajo.

Resultado de la Historia

El ambiente en la reunión era tenso. Alguien hizo la moción para elegir a cinco ancianos como líderes gobernantes de la iglesia, siendo el pastor el anciano que enseña y los diáconos como siervos. El voto fue de 98 a favor y 68 en contra. El pastor y los cinco jóvenes percibieron el voto como una victoria. El domingo siguiente, en vez de 300 en la iglesia, sólo hubo 195 asistentes, y 100 de los miembros que usualmente asistían semanalmente no estaban allí y nunca regresaron.

Escrituras

La política es generalmente vista como la manera en que una iglesia local se organiza y gobierna a sí misma. La Escritura es clara en cuanto a que las iglesias deben conducirse "de manera apropiada y ordenada", como se establece en 1 Corintios 14:40. De nuevo, Pablo ordena el orden de los seguidores de Cristo en Colosenses 2:5 y reprende la falta de disciplina y estructura en 1 Tesalonicenses 5:14 y 2 Tesalonicenses 3:6-7. Las iglesias difieren en cómo deben ser gobernadas y organizadas. Estas diferencias se remontan a los comienzos de la iglesia.

En el Nuevo Testamento, las palabras *presbítero* y *supervisor* parecen referirse al mismo oficio o papel. En Hechos 20:17-35, Pablo los llama *ancianos* y *supervisores*.

Los escritos de la iglesia primitiva (95-150 d.C.) atestiguan la diversidad entre las iglesias en cuanto al gobierno. Clemente de Roma (95 d.C.) parece no hacer distinción entre obispos y ancianos. Ignacio de Antioquía (107 d.C.) ve una diferencia en las dos palabras y en los roles de obispos y ancianos. La Edad Media vio el surgimiento del catolicismo romano, siendo el Papa la autoridad suprema en la Iglesia Católica. Lutero y la Reforma rechazaron la decisión única de un papa. Juan Calvino, en 1564, argumentó que hay un nivel de ministerio ordenado y dos tipos de ancianos en la iglesia. Calvino sostuvo que esos dos tipos de ancianos están enseñando a los ancianos y a los ancianos gobernantes. Él basó esta creencia en su entendimiento de 1 Timoteo 5:17.[1]

En 1607, los separatistas ingleses, liderados por John Smyth y Thomas Helwys, emigraron a Holanda para escapar de la persecución religiosa. Después de estudiar las Escrituras, llegaron a la conclusión de que el bautismo debe ser administrado sólo a los creyentes. Así, el nombre de muchas iglesias es Primera Iglesia Bautista. Al bautizar a los creyentes sin permiso de un funcionario del gobierno, se unieron a las filas de las "Iglesias libres". Basados en las Escrituras, los primeros bautistas aceptaron un gobierno que era de naturaleza congregacional. Hoy en día, existen tantas estructuras diferentes de gobierno y puntos de vista híbridos como nunca.

I. En términos generales, las tres formas de gobierno de la iglesia son:

A. Episcopal (Católicos Romanos, Anglicanos/Episcopales, Metodistas)
B. Presbiteriano
C. Congregacional (Bautistas, Congregacionalistas)

II. En términos funcionales, las tres opiniones principales son las siguientes:

A. Iglesia dirigida por pastores: Esta visión destaca el sacerdocio del creyente y la autonomía de la iglesia local. Los proponentes de este punto de vista usan la referencia al pastor/maestro en Efesios 4:11 como la oficina directamente relacionada con la iglesia local. Esta forma de gobierno hace que la autoridad de la iglesia recaiga en la congregación local. Los pasajes de las Escrituras que apoyan este punto de vista son Mateo 18:15-20, Hechos 6:3, 13:203, 15:22, 1 Corintios 5:2 y 2 Corintios 2:6. Algunos de los puntos que se utilizan para abogar por esta forma de gobierno son los siguientes

1. justa para los miembros.
2. más favorable al desarrollo de la lealtad y el apoyo de la congregación.
3. más propenso a producir cristianos más fuertes y maduros que otras formas.

B. Iglesia dirigida por un obispo: Esta forma de gobierno se asocia generalmente con las iglesias episcopales y anglicanas. Este punto de vista ofrece un triple orden de ministerio.

1. La primera orden es el diácono. Son siervos que deben ayudar al presbítero y a los obispos. Los que apoyan este punto de vista citan Hechos 6.
2. La segunda orden es el presbítero/anciano (a menudo traducido como "sacerdote"). Esto se refiere al líder/pastor de la congregación local.
3. La tercera orden es el *episkopos* u obispo, que es el supervisor o superintendente. Aquellos que enfatizan este punto de vista remontan su apoyo al hecho de que ha habido una oficina continua de obispo desde el año 29 d.C.

C. Iglesia dirigida por ancianos: Esta forma de gobierno utiliza una pluralidad de ancianos y ha crecido en popularidad en los últimos años. La pluralidad de los ancianos se ha convertido en la fuente de conflictos adicionales.

1. Hechos 14:21-23 habla de nombrar ancianos en cada iglesia y se usa para confirmar la evidencia bíblica de este punto de vista. Tito 1:5 también apoya esto.
2. 1 Tesalonicenses 5:12-13 y Hebreos 13:7, 17, 24 apoyan a aquellos que sostienen una distinción entre los ancianos gobernantes y los ancianos que enseñan.

    a. Ellos enfatizan que la iglesia no es una democracia pura y que los ancianos no son elegidos para simplemente llevar a cabo las congregaciones.

    b. Los ancianos deben gobernar y supervisar que la congregación esté de acuerdo con la Palabra de Dios. [2]

Sugerencias

No tengo ningún problema con el derecho de una congregación a elegir su tipo de gobierno. Sin embargo,

Sí que tengo problemas cuando un nuevo pastor trata de forzar la pluralidad de ancianos en una iglesia que tradicionalmente ha sido dirigida por el pastor.

1. Un candidato pastoral debe hacer saber a la congregación si cree en la pluralidad de los ancianos antes de hacerse llamar pastor.

2. Antes de nombrar a un pastor, la iglesia que entrevista a un candidato pastoral debe hacerle saber al candidato que es una iglesia bautista tradicional y que no cree en la pluralidad de los ancianos.

3. Si el gobierno de la iglesia se convierte en un conflicto, la iglesia podría ser mejor servida si la opinión de la mayoría gobierna.

4. Tradicionalmente, los bautistas han sido iglesias gobernadas por la congregación, dirigidas por pastores y servidas por diáconos con Cristo como cabeza de la iglesia. Personalmente me siento cómodo con este modelo.

Actividad de Aprendizaje

Juego de Roles

1. Para ayudar a los participantes a entender los diversos estilos de gobierno en las iglesias, pide a tres voluntarios que representen cada uno de los tres estilos principales de gobierno.

<u>Voluntario 1</u>

Juego de roles desde el punto de vista de la iglesia dirigida por el pastor.

<u>Voluntario 2</u>

Juego de roles desde el punto de vista de la iglesia dirigida por el Obispo o de la iglesia jerárquica.

<u>Voluntario 3</u>

Juego de roles desde el punto de vista de la iglesia Plural dirigida por ancianos.

2. Después de las presentaciones, discuta las fortalezas y debilidades de cada estilo de gobierno.

CONFLICTO 8

Personal

Historia

Cuando el Director de Misiones de una asociación local de iglesias en Alaska me pidió que mediara en un conflicto entre un pastor y un miembro del personal, acepté. El pastor era bastante nuevo en la iglesia, habiendo estado allí sólo dos años. Tenía unos cuarenta años y se había graduado en un seminario local. Era el tipo de pastor que mantenía sus horas de oficina y sus horarios de visita todos los días. Por otro lado, el pastor de jóvenes, que había servido en este puesto durante diez años, creció en esta iglesia donde su padre había sido diácono durante mucho tiempo antes de entregarse al ministerio. El pastor de jóvenes asistió a una universidad local a tiempo parcial y trabajó en la iglesia a tiempo parcial. No era una persona organizada, y la mayoría de las actividades juveniles eran espontáneas. La iglesia tuvo un promedio de más de 800 personas en asistencia a la adoración. Aunque era una iglesia grande y en crecimiento en muchos sentidos, poseía un enfoque rural del ministerio.

El Director de Misiones y yo nos reunimos con ambas partes en la oficina de la asociación el martes por la tarde a las 2 p.m. Como mediador, tomé las siguientes medidas.

1. Expliqué el proceso de mediación.

2. Enfaticé a ambas partes que yo no era un juez que estaba aquí para tomar una decisión sobre quién tenía razón y quién estaba equivocado.

3. Les dije que estaba presente para ayudarles a llegar a un acuerdo.

4. Revisé el acuerdo de mediación y los hice firmar. (Ver en el Anexo A)

5. Escribí en una pizarra la palabra *solve* (resolver) y la utilicé como acrónimo para el esquema de nuestra reunión.

S̲hare (Compartir) las Escrituras y la oración.

O̲pen (Abierto) con declaraciones y reglas.

<u>L</u>isten (Escuchar) a cada lado de la historia.

<u>V</u>erify (Verificar) lo que se ha dicho.

<u>E</u>xplore (Explorar) varias soluciones que conducen a un acuerdo.

6. Leí algunas Escrituras, y oré.

7. Hice declaraciones de apertura, destacando la importancia de escuchar y buscar una solución. Compartí cómo funciona este proceso. Revisamos las reglas que ya habían acordado en el acuerdo de mediación.

8. Escuché a cada lado compartir su historia después de recalcar a cada parte la importancia de no interrumpir, incluso si él o ella creía que el que hablaba estaba mintiendo. Enfaticé que deben permitir que Dios se ocupe de eso, y que deben concentrarse en escuchar. Hice hincapié en que debían hablar entre ellos y no conmigo. La disposición de las habitaciones se había establecido antes de la reunión para facilitar esta tarea.

Dialogo de Mediación

Pastor: John, aprecio tu amor y celo por el Señor. Definitivamente tienes un llamado de Dios. Claramente, usted ama el ministerio juvenil. Esta iglesia te ama. Te vieron crecer. Eres especial para ellos. Tus padres han sido activos y trabajadores en la iglesia por años. Ha sido un gozo ver a tu papá llamado al ministerio y a pastorear su primera iglesia. Lo extrañaremos como diácono. John, todo esto lo digo sinceramente. Sin embargo, tengo algunos problemas contigo. He tratado de trabajar en esto. He tratado de cambiar, y he tratado de pasar por alto varios incidentes. Por eso estamos aquí hoy porque cuando hablé con ustedes en tres ocasiones anteriores, no he visto ningún cambio. Esa es mi frustración.

Mediador: ¿Eso es todo lo que deseas compartir?

Pastor: Si, por el momento

Mediador: Está bien, John, es tu turno de compartir.

Pastor de Jóvenes: Realmente no sé cuál es el problema aquí. Estoy haciendo mi trabajo como lo he hecho durante los últimos diez años. El Hno. Steve, nuestro pastor anterior, no tenía ningún problema conmigo. El Hno. Bill viene aquí, y durante dos años no he podido hacer nada bien a sus ojos. A los diáconos y a la iglesia parece gustarles lo que estoy haciendo. Sé que nuestro grupo de jóvenes no está creciendo, pero tenemos el mismo número que hemos tenido en los últimos diez años. La asistencia y la membresía siempre han subido y bajado. Eso es todo lo que tengo que decir.

Mediador: Pastor, ¿desea responder? Recuerde hablarle a Jhon y no a mi.

Pastor: John, lo que voy a decir ya te lo he dicho antes, así que esto no debería sorprenderte. Primero, como pastor, creo que soy tu supervisor. Creo que tengo derecho a saber lo que estás haciendo y a darte alguna orientación. Segundo, no tienes una descripción de tu trabajo, y cada vez que te he pedido que desarrolles una, me dejas de lado. En tercer lugar, tu decides espontáneamente llevar a los jóvenes a Six Flags y no obtener patrocinadores o permisos, dejando así a la iglesia abierta a demandas judiciales. En cuarto lugar, todas las actividades juveniles son juegos y diversión. No veo ningún discipulado o entrenamiento de liderazgo. Finalmente, la iglesia te paga un buen salario, pero pasas mucho más tiempo en la universidad y haciendo trabajos ocasionales. Sé que la iglesia aprobó su universidad, pero aún así esperaban que usted trabajara treinta horas por semana para la iglesia. Francamente, no he visto esto. Quiero que esto funcione, pero tienes que hacer algunos cambios. Si usted hace estos cambios, esto puede funcionar. Eso es todo por ahora.

Mediador: John, ¿deseas resonder?

Pastor de Jóvenes: ¿Por qué no llegamos a la verdad, Pastor? Usted quiere ser Ministro de los jóvenes, así como Pastor Principal. Quieres hacer toda la enseñanza y usar a los laicos para las actividades. Nunca seré lo suficientemente bueno para ti. No voy a responder a sus ridículas demandas.

9. Como mediadior, sentí la tensiñón, así que nos movimos al siguiente paso.

Mediador: Bien, creo que es un buen momento para pasar al siguiente paso de nuestro esquema, que es la letra "V" que representa *Verify* "verificar". Aquí es donde reitero lo que he oído decir a cada uno de ustedes, y si no están de acuerdo, háganmelo saber. Puedes interrumpirme para que podamos hacer una lista precisa de lo que dijiste.

Mediador: Pastor, escuché que los problemas que tienes con Jhon son:
    a. Tú no sientes que se está sujetando a tu supervisión.
    b. Tú quieres que escriba una descripción del trabajo.
    c. Tú quieres más seriedad en las actividades de los jóvenes.
    d. Tú quieres más discipulado y desarrollo de liderazgo.
    e. Tú quieres que jhon cumpla con las horas regulares de la Iglesia.
¿Es correcto o no todo esto?

Pastor: Eso es bastante preciso.

Mediador: Jhon, escuché que lo siguiente son las cosas que te molestan.
    a. Sientes que has estado haciendo un buen trabajo, y sientes que la mayoría de los miembros de la iglesia están satisfechos con tu trabajo.
    b. Sientes que el pastor te quiere fuera para poder enseñar a los jóvenes.
¿Es esto correcto?

Pastor de Jóvenes: Si. Esos son los principales problemas que tengo.

10. *E* significa *explore* "Explorar" soluciones que conducen a un acuerdo.

Mediador: Hemos enumerado siete puntos que han sido problemas en los que podemos estar de acuerdo. La etapa E explora las posibles soluciones que conducen a un acuerdo entre ustedes. Vale, John, vamos a tomar tu segundo objeto primero. Sientes que el pastor te quiere fuera para poder enseñar a los jóvenes. ¿Por qué te sientes así?

Pastor de Jóvenes: Constantemente me dice que cuando él era ministro de jóvenes tenía hombres jóvenes con los que discipulaba y enseñaba habilidades de liderazgo y con los que tenía estudios bíblicos. Me gustaría hacer esas cosas también, pero nuestros hijos son de familias de bajos ingresos y no como los niños ricos que tuvo en *First Baptist*.

Mediador: Pastor, ¿deseas que Jhon renuncie para poder enseñar a los jóvenes?

Pastor: No. No le estoy pidiendo que renuncie. Le estoy pidiendo que me reconozca como pastor y que haga su trabajo; que escriba una descripción del trabajo y que mantenga las horas de oficina. Me gustaría enseñar de vez en cuando. Tuve un exitoso ministerio juvenil en una iglesia grande en un tiempo, pero ahora soy el pastor de esta iglesia y quiero que nuestros jóvenes sean discipulados.

Mediador: Para guardar tiempo, saquemos a la superficie estos temas y explorémoslos más extensamente. Primero, entiendo, John, que creciste en esta iglesia. Usted no tuvo un ministro de jóvenes como modelo a seguir durante esos años. Todavía estás en la universidad. Las actividades que haces con los jóvenes parecen complacer a todos menos al pastor. Segundo, Pastor, usted es educado y entrenado y tiene experiencia como ministro de jóvenes. Ves mucho más para los jóvenes y quieres más para ellos. Usted ve su papel de pastor como un supervisor, y usted se ve a sí mismo responsable en última instancia de toda la gente de la iglesia, a pesar de la edad del grupo. John desea que sólo prediques y lo dejes en paz.

John, tú tienes un punto de vista sobre el trabajo del Ministro de la Juventud, y Pastor, tienes otro punto de vista. Me gustaría que cada uno de ustedes trabajara en un par de tareas, y nos reuniremos de nuevo aquí en dos semanas. Quiero rellenar el acuerdo de resolución de conflictos, dejar que lo lean y fijar una fecha para reunirse de nuevo.

11. Acuerdo de Resolución de Conflictos (Ver en el Anexo B)

Resultados de la Historia

Se suponía que ambas partes se reunirían de nuevo en dos semanas. Sin embargo, el ministro de jóvenes renunció y actualmente está sirviendo en la iglesia donde su padre es pastor. La iglesia donde ocurrió el conflicto llamó a otro ministro de jóvenes.

Escrituras

Efesios 4:11-12 dice, "Y él mismo dió unos, ciertamente apóstoles; y otros, profetas; y otros, evangelistas; y otros, pastores y doctores; Para perfección de los santos, para la obra del ministerio, para edificación del cuerpo de Cristo."

Hay diversidad entre las iglesias en cuanto al papel del personal ministerial. Algunos ven a todo el personal del ministerio como iguales y esperan que trabajen en equipo y que cada ministro tenga sus propias responsabilidades. Algunos ven al pastor como el líder con autoridad para supervisar al resto del personal. Algunos operan desde una tradición de no tener organización, mientras que otros operan desde un modelo de negocio con un organigrama y descripciones detalladas de los puestos de trabajo. Sin embargo, la evidencia bíblica describe al pastor como el supervisor. Él es el que establece la visión y dirección de la iglesia.

Aunque las iglesias pueden tener diversos puntos de vista sobre el papel del pastor, la mayoría estaría de acuerdo con los principios fundamentales del liderazgo pastoral como se describe en 1 Pedro 5:1-3. El liderazgo pastoral es esencial para la vida de cualquier iglesia. Sin este liderazgo, una iglesia no puede cumplir su misión. El Nuevo Testamento es claro que Dios ha designado al pastor como el líder de una iglesia local. Hechos 20, Hebreos 13:17, 1 Tesalonicenses 5:12-13, y 1 Corintios 16:16-18 son claros en que la iglesia debe estar sujeta al liderazgo del pastor.

Aunque los términos utilizados pueden parecer confusos, las palabras *pastor*, *anciano*, *pastor* y *supervisor* describen los roles de un pastor. Los tres usos pueden ser vistos en Hechos 20:17, 28 y 1 Pedro 5:12. El anciano y el supervisor pueden ser vistos en Tito 1:5, 7, y el supervisor y el pastor son ambos descritos en 1 Pedro 2:25.

El papel del pastor como supervisor se expresa ampliamente de dos maneras. El primer papel del pastor es como director y líder. El segundo papel del pastor es advertir a los que están bajo su cuidado sobre el peligro espiritual, como el pecado, las falsas enseñanzas y los falsos maestros.[1] El personal del ministerio debe apoyarlo, pero debe funcionar dentro de sus propios dones y singularidad. El pastor debe respetar los dones y el llamado de los miembros del personal y discipularlos, motivarlos y guiarlos para que tengan éxito en su papel.

Sugerencias

1. <u>Antes</u> de aceptar la llamada de una Iglesia, un futuro pastor debe:

    a. ser apasionado por la visión que Dios le ha dado para determinar si la iglesia desea trabajar junto a él para cumplir con esa visión.

    b. Pasar tiempo con miembros del personal.

    c. dejar claro de antemano que quiere que la autoridad contrate o despida a los miembros del personal. (Si esta petición no es posible, él necesita sopesar su llamado a esta iglesia.)

2. <u>Después</u> de aceptar el llamado, el pastor debe

    a. pasar tiempo con el personal, dicipularlos y enseñarles.

    b. <u>ser</u> apasionado acerca de la visión que Dios le ha dado para la iglesia para que ellos deseen trabajar junto a él para cumplir con esa visión.

3. <u>Antes</u> de llamar a un ministro de personal, el pastor debe

a. pasar tiempo escuchando su acercamiento al ministerio.

b. hacer múltiples preguntas sobre su relación con su anterior pastor, estilo de liderazgo e iglesia.

c. proporcionar descripciones de trabajo, políticas y procedimientos claramente escritos, así como un organigrama.

Actividad de Aprendizaje

Para ayudar a entender la diferencia entre trabajar uno contra el otro y trabajar juntos hacia un fin mutuo cuando se resuelve una disputa, pida a dos personas que compitan en un combate de forcejeo de brazos. Dale un caramelo al ganador. Haga esto tres veces. Deténganse y digan: "Han estado compitiendo entre ustedes. Ahora, encuentra una manera de que cada uno pueda ganar." Diles que sólo quedan unas pocas piezas de caramelo. [2]

Después del ejercicio de lucha de brazos, discutan las siguientes preguntas.

1. ¿Qué se necesita para que los dos pasen del modo competición al modo compañerismo?

2. ¿Hubo alguna sorpresa?

CONFLICTO 7

Inmoralidad Sexual

Aunque los medios de comunicación presentan a los cristianos como mojigatos o fanáticos puritanos, la Biblia es muy positiva en cuanto al sexo. Proverbios 5:15-19 muestra el gozo del sexo, como en los versículos 15-19,

Bebe el agua de tu cisterna, y los raudales de tu pozo

Derrámense por de fuera de tus fuentes, enlas plazas los ríos de aguas.

Sean para ti solo, y no para los extraños contigo.

Sea bendito tu manantial; y alégrate con la mujer de tu mocedad.

Como cierva amada y graciosa corza, sus pechos te satisfagan en todo tiempo; y en su amor recréate siempre.

La metáfora es que el sexo dentro de los límites del matrimonio es un pozo de agua que refresca el alma y fortalece el cuerpo.

Desafortunadamente, a pesar de la instrucción bíblica, los conflictos causados por la inmoralidad sexual han aumentado en los últimos años. Este capítulo presentará no uno, sino tres casos de conflicto relacionados con la inmoralidad.

Historia

Caso de Conflicto 1

Mientras conducía hacia el estacionamiento de la iglesia para la reunión de oración del Pastor, sonó mi teléfono celular. La voz era familiar.

Sus primeras y únicas palabras fueron: "Hno. Mike, ¿puedes venir a la iglesia inmediatamente?"

He estado en el ministerio lo suficiente como para saber que cuando alguien usa ese tono de voz, debo tomarlo en serio y darle prioridad a las necesidades de esa persona sobre cualquier cosa que pueda estar en mi agenda para el día. Yo le respondí: "Enseguida voy".

Cuando entré en el estudio del pastor, pensé que estaba viendo a un hombre muerto. Tenía los ojos rojos y la cara pálida. Su esposa estaba de pie detrás de él mientras él se desplomaba en su silla. Me pidió que me sentara. Cuando empezó a llorar, no pude entender todo lo que dijo, pero pude ver que era serio. El pastor confesó haber sido atrapado por la policía en una escena pornográfica. La policía había tomado su computadora y lo había liberado bajo fianza. Escuché una extraña historia de cómo fue abusado cuando era niño, había desarrollado una adicción a la pornografía en la computadora y se había vuelto coqueto con la homosexualidad. Su historia fue suficiente para hacerme sentir mal del estómago, pero me rompió el corazón por su esposa, que apoyaba a su marido a pesar de todo lo que había hecho. Me preguntó qué debía hacer. Dije: "Tenemos que llamar a sus diáconos y compartir esta información con ellos"

Mientras nos sentamos en silencio a la espera de la llegada de los diáconos, pensé: "Esta pobre iglesia". La iglesia había estado creciendo y hablando de reubicarse para construir un nuevo edificio. Ahora esto. Qué desastre.

Llegaron los diáconos y se sorprendieron del encuentro convocado. El pastor sollozó mientras volvía a contar su historia. Los diáconos se sentaron atónitos.

La silla de los diáconos se volvió hacia mí y me dijeron: "¿Qué vamos a hacer?"

Resultados de la Historia

Caso de Conflicto 1

Cuando me reuní con los líderes de la iglesia, todos acordamos que el pastor no debía regresar al púlpito. Me pidieron que me encargara de la misa del domingo. El domingo por la mañana, leemos la renuncia del pastor a la congregación. El equipo directivo de la iglesia y yo habíamos acordado que el pastor y su familia podrían permanecer en la casa parroquial por tres meses y continuar recibiendo su salario y beneficios por tres meses. Esto dependía de que recibiera asesoramiento psicológico. La iglesia estaba destrozada por esta noticia. Muchos lloraron de dolor. Algunos querían echar al pastor de la ciudad y estaban enojados con los líderes por haberle dado ayuda. Algunos sentían que lo que debía hacer el cristiano era perdonarlo y restaurarlo al ministerio. Eventualmente se mudó con su familia fuera del estado, y hoy en día no está en el ministerio. La iglesia pasó por un interino de un año, y el siguiente pastor trajo gran sanidad a la iglesia.

Caso de Conflicto 2

El pastor John me llamó y me invitó a almorzar. Sentí que necesitaba hablar de algo más que de un tema casual.

Después de comer, dijo: "Tengo un problema y necesito tu consejo".

El continuó explicando que su nuevo ministro juvenil estaba siendo acusado de comportamiento inapropiado. Esta acusación no se originó en el caso del Hno. La iglesia de John, sino en la iglesia anterior del ministro de la juventud. El ministro de la juventud había comenzado una conversación con una chica en un sitio web de medios sociales. Charlaron todas las noches durante unas dos horas. El ministro de la juventud pensó que la niña estaba en la universidad y la invitó a comer. Después de cenar fueron a jugar a los bolos, y después se la llevó a casa. Durante el mes siguiente salieron seis veces. En su última cita, algo pasó. La versión de ella era que el ministro de la juventud la tocó de manera inapropiada. La versión de él es que la besó de una manera apasionada, pero fue consensuado. El verano terminó, y el ministro de jóvenes se mudó a una nueva iglesia.

El Pastor John recibió una llamada telefónica del pastor anterior del ministro de jóvenes, quien le dijo lo que los padres de la niña estaban reclamando. El Pastor John se reunió con el joven para explicarle los cargos que se le imputan.

"Todo lo que hicimos fue besarnos. Fue apasionado, pero sólo fue un beso", respondió el ministro de la juventud.

Entonces el pastor John lanzó la bomba. Él le preguntó: "¿Sabías que sólo tiene 14 años?"

"No," dijo rápidamente.

Volviéndose hacia mí, el pastor John me preguntó: "¿Qué debemos hacer como iglesia?"

Resultados de la Historia

Caso de Conflicto 2

Esta fue una situación difícil porque el comportamiento inapropiado del ministro de jóvenes fue en su iglesia anterior. En su iglesia actual, estaba sirviendo bien y, supuestamente, todo el mundo estaba contento con él. Cuando los líderes de la iglesia se enteraron de la acusación en su contra, pidieron la renuncia del ministro de la juventud. A medida que se corrió la voz, más y más padres se sintieron incómodos con él cerca de sus hijas. Renunció y empezó a vender coches.

Caso de Conflicto 3

Nada rivaliza más con el dolor de la muerte que el dolor del divorcio. El Pastor Cal entró a mi oficina, me abrazó y literalmente se desmayó, sollozando. Lo levanté en una silla y lo dejé llorar.

Después de lo que pareció ser una hora, pero en realidad sólo fueron unos segundos, soltó: "Se acabó. Ella me está dejando. Ella dice que no hay otro hombre, pero su teléfono muestra numerosos mensajes de texto a los mismos dos números. Cuando me enfrenté a ella, me dijo: "Sólo son amigos". He intentado que vaya a terapia, pero su respuesta es que debo ir porque ella no lo necesita. Luego, el domingo pasado, se puso de pie ante la iglesia y anunció que estaba cansada de ser la esposa de un pastor, cantó un especial antes de que yo predicara, y caminó por la calle y se unió a la Iglesia Metodista. Dijo que nunca volvería. ¿Qué debo hacer?"

Resultados de la Historia

Caso de Conflicto 3

La esposa del pastor se divorció de él. El pastor renunció y pasó por el proceso normal de duelo.

Escrituras

Vivimos en una cultura saturada de sexo. Nos hemos alejado mucho de la década de 1950, cuando los programas de televisión como *I Love Lucy* tenían camas separadas para el marido y la mujer. Al nadar, el público usaba trajes de baño que cubrían el cuerpo. Hoy en día, hay desnudos en la televisión, y los trajes de baño cubren muy poco. En la década de 1950, Hugh Hefner dejó su trabajo en la revista *Fortune* para fundar *Playboy*. Hoy en día, la pornografía es una industria multimillonaria. Las imágenes sexualmente explícitas se transmiten a nuestros hogares y a través de las pantallas de nuestras computadoras. Según el *New York Times*, uno de cada cuatro usuarios de Internet accede a sitios web pornográficos. La estadística chocante es que casi el 25% de ellos son mujeres, lo que demuestra que ya no se trata sólo de la adicción de un hombre.[1] La revista *Leadership* encargó una encuesta a mil pastores. Los pastores indicaron que el 12% de ellos habían cometido adulterio mientras estaban en el ministerio.

Las Escrituras se refieren al área de la inmoralidad sexual.[2]

Primero, Proverbios 5:1-6 advierte sobre la "adúltera", pero los principios se aplican a todo tipo de tentaciones sexuales. La palabra miel representa palabras de seductora adulación como "Eres especial", "Eres atractivo" y "Te quiero". En última instancia, lo que las tentaciones prometen es siempre mejor que lo que realmente ofrecen.

Segundo, Proverbios 5:7-14 dice cómo el padre advierte a su hijo de las consecuencias de la inmoralidad sexual. Algunas de las consecuencias mencionadas en estos versículos son que los pecados sexuales drenan energía, tienen un costo financiero, causan humillación y acortan la vida. Por ejemplo, el promedio de vida de un hombre homosexual hoy en día es de 42 años. El Centro para el Control y la Prevención de Enfermedades informó que "la gonorrea es la segunda enfermedad de transmisión sexual más comúnmente reportada en los EE.UU. Es causada por la bacteria Neisseria gonorrhoeae, y ha sido tratada con antibióticos como la penicilina desde la década de 1940. Pero con el tiempo, las mutaciones genéticas han aumentado la resistencia de la bacteria a la penicilina, necesitando dosis más altas hasta la década de 1980, cuando varias cepas de gonorrea resistentes a la penicilina y a los antibióticos de tetraciclina se generalizaron en los Estados Unidos".[3]

Tercero, Mateo 5:27-32 habla sobre el tema del adulterio. Estudios recientes indican que el 50% de los hombres y mujeres casados tendrán al menos una relación extramatrimonial durante su matrimonio. La palabra de Dios tiene una visión muy tenue del adulterio. En el Antiguo Testamento, el castigo por adulterio era la muerte por apedreamiento. Alguien dijo que esto puede no haber sido un elemento disuasorio, pero que sí redujo el número de reincidentes. Con respecto a la gravedad del adulterio, Jesús habló de que el adulterio es la única razón aceptable para el divorcio.

Cuarto, Colosenses 3:5 declara que la lujuria es un problema espiritual. La lujuria se define como un deseo sexual intenso y desenfrenado. Tener un deseo sexual no es lujuria. Sin embargo, tener un deseo inmoral sobre alguien del sexo opuesto es lujuria. La causa de la lujuria es la carne pecaminosa. Nuestra cultura hace un intento descarado de despertar la sexualidad lujuriosa. Cada día, 2,800 niñas quedan embarazadas y 1,100 tienen abortos. Cada día, 4,200 personas contraen una enfermedad de transmisión sexual. La mejor cura para todos estos malos comportamientos sexuales es la abstinencia.[4]

Universidad de Baylor

Estudio de Conducta Sexual Inapropiada del Clero

En la congregación estadounidense una media de 400 con un 60% de mujeres, hay un promedio de 7 personas que han experimentado CSM. CSM se refiere a un líder religioso que hace un avance o proposición sexual a alguien que no sea su cónyuge. [5]

Sugerencias

1. Presta atención cuidadosa a tu vida devocional.
2. Memoriza las Escrituras.
3. Establece la rendición de cuentas.

4. No subas la escalera del afecto con nadie que no sea su cónyuge. El adulterio emocional es peligroso.
5. Dile a tu esposo/a que si alguien hace insinuaciones inapropiadas hacia ti.
6. No pases tiempo a solas con el sexo opuesto.
7. Mantén los fuegos calientes en casa. Ten una cita nocturna con tu esposa semanalmente.
8. Controla tus pensamientos. Mucho antes de que una aventura ocurra físicamente, ocurre mentalmente.
9. Sepa esto; serás atrapado.
10. Confiesa, arrepiéntete y trabaja en la restauración cuando falles.

Actividad de Aprendizaje

1. Divídanse en grupos y discutan los pecados sexuales que han causado conflictos en las iglesias.

2. Por qué crees que esta área de conflicto está creciendo?

CONFLICTO 6

Incompetencia

Historia

Las dos parejas estaban terminando su helado en la heladería local. Esta era su rutina después de la adoración del domingo por la noche. Comieron tranquilamente hasta que una de las esposas habló.

Ella dijo: "Si nadie más va a hablar, yo lo haré. ¿Qué vamos a hacer con nuestro pastor? Enfrentémoslo. No puede predicar. Es el mismo mensaje una y otra vez."

La otra esposa agregó: "No sabe nada de conducir una reunión de negocios".

Luego, uno de los hombres expresó su opinión: "Pero él trabaja duro en el templo."

A este comentario, su amigo añadió: "Sí, es un gran trabajador, pero es incompetente como pastor. "El número de alumnos de la escuela dominical está disminuyendo, los servicios de adoración son lamentables, y no hay sentido de misión o dirección."

Una de las esposas terminó la discusión con: "Ustedes los diáconos necesitan hablar con él".

Los dos diáconos se reunieron con el pastor la noche siguiente. Un diácono comenzó: "Pastor, usted es un gran trabajador, pero sus mensajes son todos iguales. Siempre están en la salvación y cómo necesitamos visitar más".

El pastor respondió: "Hombres, miren este edificio. ¿Es o no es una estructura hermosa?" Los diáconos estuvieron de acuerdo, y el pastor continuó: "Trabajo en este edificio de diez a doce horas al día, a menudo solo, sin ayuda de ustedes. Tengo muy poco tiempo para la preparación de los sermones. La verdad es que muchos de los miembros de nuestra iglesia están perdidos y necesitan ser salvos. La Biblia es un libro sobre la salvación".

Uno de los diáconos interrumpió: "Pastor, tenemos muchas parejas jóvenes que tienen problemas económicos y matrimoniales".

El pastor respondió: "Si se salvan y se reconcilian con Dios, se reconciliarán unos con otros".

El otro diácono saltó a la conversación: "Pastor, muchos se ríen de nuestras reuniones de negocios. No usas las reglas de orden de Robert. Te levantas delante de la gente y dices: "Dios me ha revelado que necesitamos remodelar el edificio de los niños". Entonces usted procederá a decir que costará $50,000 y recomendará que tomemos $40,000 de los ahorros y recibamos una ofrenda especial el domingo por $10,000. Usted llama a la oración y al día siguiente está remodelando el edificio de los niños. Estamos acostumbrados a los comités, informes, discusiones y votaciones".

El pastor añadió mordazmente: "La manera en que conduzco las reuniones de negocios es la manera bíblica. Escucho a Dios, rezo y me pongo a trabajar. Las reglas de orden de Robert son el camino del mundo. No he conocido a nadie, salvo ustedes dos que tienen problemas con la forma en que conduzco los negocios".

Resultados de la Historia

Pasó otro mes después de su conversación. Los diáconos se reunieron de nuevo con el pastor y lo enfrentaron sobre su incompetencia en la administración. Después de una hora de intenso intercambio, el pastor dijo: "Renuncio. Ustedes no aprecian todo el trabajo que he hecho en este nuevo edificio. Ustedes son vagos y no saben nada de ser cristiano". Él se marchó.

Escrituras

Incompetencia se define como ineptitud, falta de habilidad, inútil, no calificado, inadecuado o inapropiado. En las encuestas de la Sección 2, Introducción sobre las causas de los conflictos, la incompetencia aparece entre las diez primeras. La mayoría de las personas incompetentes no son conscientes de su incompetencia. El Dr. David Dunning de la Universidad de Cornell informa que las personas que son incompetentes tienen más confianza en sus capacidades que las personas competentes. Drueger, un asociado del Dr. Dunning dice, "No sólo la gente incompetente llega a conclusiones erróneas y toma decisiones desafortunadas, sino que su incompetencia les roba la capacidad de realizarlo". La incompetencia es un pecado que nos ciega a nuestro predicamento. [1]

Hay generalmente tres maneras en la que los ministros lidian con la incompetencia.

I. Algunos ministros intentan cubrir su incompetencia compensando en exceso en otras áreas.

El pastor en nuestra historia no era un buen predicador. Lo compensó con largas horas de trabajo en el edificio.

Aquellos que intentan cubrir su incompetencia suelen tener un área en la que se sienten muy cómodos y pasan la mayor parte de su tiempo en esa área, mientras que descuidan otras áreas. Un pastor amigo mío fue excelente en las visitas. Podía mantener una conversación con cualquiera durante horas. Su día consistió en reunirse con un grupo de hombres en Dairy Queen para desayunar de 6:00 a 8:00 a.m. Luego revisaba su correo, lo dejaba en la iglesia y visitaba al secretario y al personal de 8:00 a.m. a 10:00 a.m. y de 10:00 a 11:30 a.m., visitaba a los de la cafetería local. Siempre tenía un compromiso para almorzar, que duraba hasta la 1:00 p.m. Pasaba por la iglesia durante una hora para contestar cualquier llamada telefónica, y a las 2:00 p.m. iba a los hospitales a visitar a los enfermos hasta las 4:00 p.m. Luego se iba a casa a visitar a su esposa hasta alrededor de las 6:00 p.m. De 6:00-9:00 p.m. visitaba a la gente de la comunidad. Terminó su día con una visita más a la cafetería y regresó a casa a las 10:00 p.m.

La gente de la iglesia y de la comunidad amaba a este pastor. El problema era que su personal seguía enojado con él porque no le daba dirección ni liderazgo. Sus sermones eran preparativos apresurados el sábado por la noche. No le gustaba la preparación de sermones. Nunca había asistido a un colegio bíblico o seminario. No le gustaba el trabajo administrativo y lo encubrió con una sobrecompensación en la zona donde se sentía más cómodo—visitando.

Lucas 10:38-42 habla de María y Marta. María y Marta vivían con su hermano Lázaro en Betania, una pequeña aldea a unos tres kilómetros al este del templo de Jerusalén, en la ladera oriental del Monte de los Olivos. Jesús fue recibido en su casa por Marta. El texto indica que María se sentó a los pies de Jesús para escucharlo. Martha fue a la cocina a preparar la comida. Jesús fue claro en el versículo 42 que de las dos opciones - servir o sentarse a los pies de Jesús para adorar - la adoración es la mejor. El texto en griego es claro. El adjetivo "bien" podría ser usado para el mejor comparativo o incluso para el mejor superlativo (New American Commentary, p. 321). Hay una comparación entre las opciones aquí, y Jesús es claro que nada es mejor que lo que María escogió. Lo que alimenta el alma es más importante que lo que alimenta el cuerpo. Jesús no condena el servicio, pero en el versículo 40 Él lo llama una distracción ("fue entorpecido" en KJV). Marta se preocupaba por la comida y la falta de ayuda de María y la falta de tiempo con el Maestro.

A menudo, los ministros que son incompetentes se distraen de la adoración y sobrecompensan en áreas como la construcción o las visitas. La preparación para la adoración y el sermón requiere sentarse, estar quieto, escuchar a Dios y estudiar, todo lo cual es difícil para algunos ministros. Es mucho más fácil para algunos ir y servir.

II. Algunos ministros niegan ser incompetentes.

Esto se manifestará a menudo por la negación interna y el menosprecio externo de aquellos que son competentes.

El pastor en nuestra historia negó que fuera incompetente para conducir una reunión de negocios. Declaró que su camino era el camino de Dios y que las Reglas de Orden de Robert eran el método del mundo.

Mateo 27:15-26 habla de la prueba de Jesús antes de su crucifixión. Se presenta ante Pilato. El escenario está listo. Jesús es arrestado, acusado, examinado y se le da el veredicto de muerte. Pilato tiene la autoridad para emitir un veredicto. Pilato podía ejercer el liderazgo y declarar a Jesús inocente. En cambio, deja el destino de Jesús en manos de la multitud. En el versículo 24, Pilato niega su incompetencia como líder al decir: "Me lavo las manos, soy inocente de la sangre de este justo". Algunos ministros harán pasar su propia incompetencia echando la culpa a otros. Debes estar consciente de los ministros que constantemente menosprecian o critican a otros. Esto a menudo es un signo de negación de su propia incompetencia.

III. Algunos ministros usan su incompetencia como una excusa.

Como líderes cristianos, podemos encontrar todo tipo de excusas para no obedecer la voz de Dios. Las excusas son herramientas de los incompetentes. Benjamín Franklin dijo: "El que es bueno poniendo excusas, rara vez es bueno para otra cosa". Gabriel Mevrier dijo: "El que se excusa, se acusa". Jeremías 1:4-19 es un ejemplo de alguien que puso excusas.[2]

Sugerencias

Todos nosotros tenemos áreas de incompetencia. ¿Qué deberíamos hacer?
1. Asegúrate de tu llamado. Dios no llamó a todos a predicar.
2. Admite tus áreas de debilidad.
3. Equípate para servir.
4. Crece en tus áreas de debilidad.
5. Busca consejo y ayuda.
6. Desarrolle un grupo pequeño en su iglesia que sea honesto contigo y sé responsable ante ellos. Pueden, de una manera amorosa, señalar tus debilidades.
7. Escucha a tu esposa. Ser competente se aprende.[3]

Actividad de Aprendizaje

¿Cómo te acercarías a un pastor o miembro del personal y hablarías de su incompetencia?

1. Enumera las áreas que crees has observado en las cuales los pastores son incompetentes.

2. Anota las tres respuestas principales de cada grupo y discútelas.

Historia de un Nieto

(Cocinando una Excusa)

Una familia fue a cenar a casa de su abuela. La comida fue servida, y el pequeño Ricky rápidamente comenzó a comer. Su madre dijo: "Ricky, sabes que rezamos antes de comer en nuestra casa".

Ricky respondió, "Sí, lo sé, pero eso es en nuestra casa. Esta es la casa de la abuela, y sabe cocinar."

CONFLICTO 5

Iglesia en Conflicto/Disfunctional

Historia

La Iglesia Bautista Canyon Rim comenzó hace 60 años como resultado de una ruptura con la Iglesia Bautista Calvary. La división fue el resultado de un conflicto en torno a la versión King James de la Biblia. La gente de "solo King James" dejó el Calvario Bautista para comenzar Canyon Rim. En 60 años, Canyon Rim ha tenido 24 pastores. En los últimos diez años, han tenido seis pastores. La iglesia nunca ha tenido un promedio de más de 120 en un momento dado de su historia. Actualmente, están promediando 80 en la adoración.

Una observación casual confirmará un patrón. Se llama a un nuevo pastor; todos están entusiasmados. La iglesia crece, y todo parece estar bien. Entonces, surge algún problema; el conflicto se instala, y el pastor renuncia o es terminado por la fuerza. A lo largo de los años, los temas han variado.

Después de estar en Canyon Rim por sólo un año, un pastor trató de persuadir a la iglesia para que usara la literatura de la escuela dominical que no era bautista. Algunos llamaron al pastor pentecostal por la música que le gustaba. Después de una difícil reunión de diáconos, le pidieron al pastor que renunciara. Él se negó, así que algunos retuvieron sus diezmos y ofrendas. Esto hirió a la iglesia. Algunos trataron de hacer que el pastor renunciara porque sabían que no tenía oportunidad de sobrevivir. Cortaron el agua en la casa parroquial y se negaron a pagarle. Después de un mes, el pastor se fue.

Otro conflicto ocurrió cuando algunas de las jóvenes se reunieron y quisieron comenzar una clase de ejercicios en el gimnasio de la iglesia. El pastor estuvo de acuerdo y anunció que la clase estaba abierta a todos los que quisieran asistir. Algunas de las ancianas pensaron que la clase de ejercicio era desagradable. Visitaron al párroco y le exigieron que pusiera fin a las clases. Este grupo decía: "No tienen suficiente ropa, y nunca hemos tenido bailes en nuestra iglesia. Estas señoras necesitan estar en casa cuidando a sus maridos e hijos". La controversia surgió en la siguiente reunión de trabajo. Hubo fuertes intercambios entre ambas partes. Se llevó a cabo una votación, y aunque muchos no votaron, se tomó la decisión de detener la clase. Como resultado de esta decisión, varias parejas jóvenes dejaron Canyon Rim, y el pastor renunció.

Otro conflicto ocurrió después de que la iglesia llamó a un nuevo pastor. El nuevo pastor y presidente de los diáconos se convirtieron en los mejores amigos. Se visitaban casi a diario tomando café, y sus familias salían a comer juntos. A medida que la iglesia crecía, el pastor pasaba cada vez menos tiempo con el presidente. Comenzó a trabajar con un pequeño grupo de jóvenes que querían hacer un viaje misionero. El pastor pidió a la iglesia que donara para el costo del viaje. Ellos lo aprobaron. Sin embargo, pronto llegó al pastor la noticia de que el presidente de los diáconos estaba herido y había comentado que no estaba seguro si todavía era necesario en la iglesia. Sus amigos le aseguraron que era necesario y que ellos enderezarían al pastor. Algunos se reunieron con el pastor y le hicieron saber que estaba pasando demasiado tiempo con la gente nueva que no apoyaba a la iglesia y que estaba descuidando a los antiguos miembros que sí apoyaban a la iglesia. El pastor trató de razonar con ellos, pero salieron de su oficina con ira.

El pastor visitó al presidente de los diáconos, pero se sentó en silencio. Su única respuesta fue: "He sido miembro de esta iglesia durante cincuenta años, y nunca he sido tratado como tú me tratas". Para sorpresa de muchos, los diáconos convocaron una reunión de trabajo. Muy pocos de los matrimonios jóvenes asistieron. Un diácono pidió al pastor que "desocupara el púlpito". Se llevó a cabo la votación y se le dio al pastor dos semanas para que se mudara de la casa parroquial. Cuando las parejas jóvenes se enteraron de esto, se enojaron y le pidieron al pastor que se reuniera con ellos para comenzar una nueva iglesia en un motel local.

Resultados de la Historia

La Iglesia Bautista Canyon Rim sigue siendo un ejemplo clásico de una iglesia disfuncional.

El promedio de permanencia del pastor es de 15 meses.

Escrituras

Santiago 4:1-12 nos da una idea de las iglesias conflictivas o disfuncionales. Una iglesia en conflicto o disfuncional es un término usado para describir una iglesia que no está funcionando de manera saludable. Muchas personas han sido heridas y cicatrizadas por iglesias disfuncionales. La iglesia es como el cuerpo humano. El cuerpo humano tiene sistemas, como los sistemas respiratorio, circulatorio y digestivo, que son esenciales para la salud y el buen estado físico. Si algún sistema no cumple su propósito, el cuerpo se vuelve disfuncional. De la misma manera, si alguna parte de la iglesia no cumple con su propósito, la iglesia se vuelve disfuncional.

Causas y Curas para el Conflicto

1. Causa de Conflicto -- Santiago 4:1-12
    Santiago no se anda con rodeos. Dice que la causa del conflicto son los deseos en conflicto.
    a. El conflicto sale cuando estos deseos son deseos egoistas.
2. Cura para el Conflicto - Santiago 4:5-12
    a. Escrituras -- Santiago 4:5. Santiago dice que busquemos dentro de nosotros mismos la fuente del conflicto y nos aseguremos de que nuestro deseo es el deseo de Dios y no nuestros deseos egoístas. Necesitamos ir a las Escrituras para asegurarnos de que lo que queremos no sea contrario a la Palabra de Dios.
    b. Someterse -- Santiago 4:7. Someterse es un término militar, lo que significa que estamos bajo la autoridad de otro. Necesitamos someternos a Dios como la autoridad en nuestras vidas.
    c. Di no al Diablo -- Santiago 4:7. El mal es real, y el poder de Satanás es real. Sin embargo, puede ser resistido.
    d. Decir sí a Dios -- Santiago 4:8. El Señor quiere caminar con nosotros. Necesitamos acercarnos a Dios. Dios se opone a los soberbios pero da gracia a los humildes.
    e. Deja de juzgar a otros -- Santiago 4:11-12. Si nos erigimos como juez y jurado, estamos espiritualmente en problemas, y el conflicto es seguro. Santiago nos recuerda que Dios es el juez.[1]

Signos de una Iglesia Disfuncional

1. La cultura de la iglesia no valora el liderazgo pastoral. Una iglesia que ha experimentado una serie de pastores a corto plazo indica la falta de voluntad de la iglesia para aceptar la dirección pastoral.
2. El líder es el único al que se le permite pensar.
3. La iglesia está controlada por unos pocos miembros. Cuando a otros no se les permite tener un papel en el liderazgo, dejan la iglesia. Los miembros en control piensan que son los únicos que tienen razón.
4. La iglesia es rígida y fija en la tradición. Cuando una iglesia no permite nuevos programas debido a la tradición, la gente abandona la iglesia.
5. Los líderes de la iglesia tienen problemas de carácter, pero nadie les dice la verdad.

6. La iglesia desarrolla el "Síndrome de Hooterville". Aquí es donde todo el mundo conoce el asunto de los demás, pero la información rara vez es exacta.[2]

Además, un estudio de la sociología de las iglesias ayudará a un pastor a adquirir habilidades para reconocer las características de los diversos tamaños de iglesias y lo que cada tamaño de iglesia espera de su pastor. D. G. McCoury, autor de varios libros sobre sociología de las iglesias, habló en nuestra reunión de la asociación en 1989 y me ayudó a entender el conflicto en iglesias de diferentes tamaños. Ha escrito varios libros sobre pequeñas iglesias que exponen más en esta área.

Sociología de las Iglesisas[3]

1. Las iglesias patriarcales y matriarcales quieren un sentimiento cálido y difuso de su iglesia y tienen las siguientes características:
   a. La iglesia es una capilla familiar.
   b. El pastor es visto como un capellán.
   c. El poder descansa en un hombre y/o
   una mujer importante.
   d. Los eventos son más importantes que los programas.
   e. La iglesia tiene una alta rotación pastoral, por lo tanto es un lugar difícil-

   para los nuevos pastores que acaban de salir del seminario.

2. Las iglesias pastorales tienen las siguientes características:
   a. El pastor es central.
   b. El pastor debe delegar. . o si no.
   c. La iglesia es la fórmula para el desgaste del clero.
   d. Las expectativas son altas y personales.
   e. Pastor se enfrenta a demandas de tiempo opresivas.
   f. La popularidad del pastor puede determinar el crecimiento de la iglesia.
   g. La esposa y los hijos del pastor pueden experimentar momentos difíciles.

3. Las iglesias con programas tienen las siguientes características:
    a. La iglesia tiene muchas celdas de líderes y muchos programas.
    b. El liderazgo laico es vital.
    c. El clero sigue siendo central, pero con cambios de roles.
    d. La administración es responsable de la contratación y la planificación, la formación, la evaluación, la coordinación, etc.
    e. El pastor tiene poco tiempo para "detenerse a tomar un café en la cocina".
    f. Pastor ayuda a la gente a llegar a un consenso.
    g. El pastor es también un motivador y constructor de confianza.
    h. Cambiar de tamaño pastoral a tamaño de programa es difícil sin crisis.

4. Las iglesias centradas en las personas tienen las siguientes características:
    a. La calidad de la adoración es de alta prioridad.
    b. El programa de música es de primera clase.
    c. La preparación del sermón y la planificación de la
    d. adoración son de máxima prioridad para el jefe de personal.
    e. El pastor principal simboliza unidad y estabilidad.
    f. La iglesia tiene personal múltiple y es colegiada, pero diversa.
    g. La camaradería del personal es muy apreciada.
    h. La energía y el impulso de la Iglesia son generados por el líder.

    i.   El pastor es visto como un CEO.
    j.   El pastor es el pastor del personal.

Sugerencias

Un amigo mío dijo una vez: "Jesús no puede pastorear el 20% de las iglesias de hoy". Él quiso decir que estas iglesias estaban habitualmente en conflicto y tan disfuncionales que nadie podía pastorearlas. Esta es la razón por la cual un posible pastor debe hacer lo siguiente:

1. Mirar la historia de una iglesia. Debe asegurarse de que Dios lo está guiando a esa iglesia. Las iglesias disfuncionales pueden ser cambiadas, pero necesitan la gracia de Dios.

2. Estar preparado espiritualmente cuando vaya a una iglesia disfuncional.

3. Llegar rápidamente a nuevas personas que estarán con él en contra de los ataques de otros.

4. Conseguir que la mayoría hable a favor de la justicia.

5. Confiar en el poder del Espíritu Santo.

Actividad de Aprendizaje

1. De la siguiente lista de tipos de iglesias, ¿cuál crees que es la más difícil de pastorear y por qué?

Patriarcal/Matriarcal

Pastoral

Iglesias con Programas

Centrado en la persona

2. Cómo crees tu que una asociación o convención debería responder a una iglesia disfuncional en conflicto?

Hemos estado hablando y hemos llegado a un acuerdo. . .

Es todo culpa tuya".

Comunicación

CONFLICTO 4

Comunicación

Historia

Un diácono preocupado llamó y me preguntó si podía mediar en un conflicto entre el pastor y la secretaria de la iglesia. Mi respuesta fue: "Siempre estoy dispuesto a ayudar". A continuación, explicó la situación.

Una tarde, mientras el pastor estaba visitando los hospitales, el vendedor de purificadores de agua pasó por la iglesia. Explicó a la secretaria que el contrato de arrendamiento anual estaba pendiente de renovación y preguntó si querían renovarlo. La secretaria, satisfecha con el purificador de agua, no vio ninguna razón para no renovar el contrato de arrendamiento. Hizo el cheque para la renovación y firmó el contrato de arrendamiento. Se le autorizó a emitir cheques hasta un límite fijo, y éste se mantuvo dentro de ese límite. No pensó más en la situación y continuó con sus muchas otras tareas.

Un par de horas después, el pastor regresó de visitar a los enfermos, fue a su oficina y comenzó a contestar el correo. La secretaria se acercó a su puerta y casualmente dijo: "Por cierto, el hombre del purificador de agua, Hal, vino y renové el contrato de arrendamiento del purificador de agua".

Se volvió para volver a su oficina cuando el pastor gritó en voz alta: "¿Qué hiciste?"

La secretaria repitió: "El contrato de arrendamiento del purificador de agua estaba vigente y lo renové por el mismo precio por un año más".

El pastor respondió con un tono de voz disgustado: "No puedo creer que hayas hecho eso. ¿No saben que he estado trabajando para que el Comité de Propiedades acepte actualizar nuestro purificador de agua a una unidad de ósmosis inversa? Ahora has hecho un desastre. ¿Por qué no esperaste y me preguntaste? Yo soy el pastor."

La secretaria trató de explicarle: "Pero, no sabía que estabas tratando de conseguir un mejor purificador de agua. Nunca me dijiste nada al respecto."

El pastor respondió bruscamente: "Creo que estás asumiendo demasiada libertad en la toma de decisiones. Necesitas operar dentro de la descripción de tu trabajo". Era casi el final del día, así que la secretaria cogió sus cosas y se fue a casa. Cuando su marido llegó a casa, ella estaba llorando.

"¿Qué pasa?", preguntó.

Le contó a su marido todo lo que había pasado. Inmediatamente llamó al presidente de los diáconos y le contó la historia. El presidente trató de calmar la situación y se ofreció a hablar con el pastor. Llamó al pastor, pero el pastor todavía estaba molesto y compartió el incidente desde su punto de vista.

Resultados de la Historia

La secretaria estaba tan herida y molesta que no podía volver a trabajar. Como resultado de este evento, ella y su esposo dejaron la iglesia. Esto causó que varios otros miembros se enojaran con el pastor. El pastor se puso en contacto con el vendedor del purificador de agua y le explicó la situación. El vendedor aceptó trabajar con ellos en una mejora. Ni la secretaria ni el pastor estarían de acuerdo en reunirse con el consultor para la mediación. Ambos se fueron por caminos separados. La secretaria, el pastor y sus familias habían sido buenos amigos y a menudo pasaban tiempo juntos saliendo a comer. Todos pensaban que tenían una gran relación de trabajo. Lamentablemente, la falta de comunicación con respecto al incidente del purificador de agua causó una fuerte separación entre las dos familias.

¿Alguna vez has comunicado mal tus pensamientos? La mala comunicación, o la falta de comunicación, pueden ser muy frustrantes, como se ilustra en las siguientes historias divertidas.

Un hombre llamó a su vecino para que le ayudara a mover un sofá. Empujaron y tiraron hasta que se agotaron, pero el sofá no se movió. El dueño finalmente dijo: "Olvidémoslo. Nunca lo sacaremos". Su vecino le miró y le dijo: "¿Afuera? Pensé que estábamos tratando de mudarnos".

Una empresa americana de alimentos comenzó a vender alimentos para bebés en África. Utilizaron el mismo envase en África que en los Estados Unidos. En cada recipiente había una foto de un lindo bebé en la etiqueta, pero los alimentos para bebés no se vendían bien en África. La empresa comenzó a preguntar a la gente por qué no compraron los alimentos para bebés. Descubrieron que muchas personas en África no saben leer y pensaron que la imagen significaba que había bebés molidos dentro del frasco.

Cuando Pepsi comenzó a comercializar sus productos en China hace unos años, tradujeron su eslogan, "Pepsi te devuelve la vida". En chino, el eslogan significaba: "Pepsi trae a tus ancestros de vuelta de la tumba"

Un hombre fue a visitar a un nuevo vecino. Había un perro en el porche. El visitante preguntó: "¿Muerde el perro?"

"No", contestó el nuevo vecino. El hombre agachó la mano para acariciar al perro y el perro lo mordió.

El hombre gritó: "¡Pensé que habías dicho que tu perro no mordía!"

El vecino respondió: "Ese no es mi perro".[1]

Las historias anteriores son humorísticas, pero la incomunicación o la falta de comunicación pueden causar serios problemas. He aquí algunos datos interesantes sobre la comunicación.[2]

7% del impacto del mensaje de un orador proviene de las palabras

El 38% del mensaje proviene del tono de voz del orador

55% del mensaje proviene de las señales no verbales del orador

---

Si esto es cierto y sólo el 7% del impacto de la comunicación proviene de las palabras que usamos, entonces hay un amplio margen para la incomunicación. Una comunicación pobre es la fuente de la mayoría de los problemas en las relaciones personales y profesionales. La comunicación es esencial para la salud de cualquier organización. Los conflictos de la iglesia sobre los asuntos más pequeños a menudo resultan en que la iglesia pierda su enfoque y propósito. Las diferencias triviales pueden volverse hostiles y explosivas, poniendo fin a cualquier oportunidad de comunicación y reconciliación.

Escrituras

1. Escucha-- Santiago 1:19

En Santiago 1:19 la frase "rápido para escuchar" significa prestar atención cuando alguien te habla. La gente dice que está escuchando, ¿pero lo están haciendo? Una buena escucha es cuestión de concentración. La gente tiende a ser oyente perezosa. Simplemente no prestan atención.

En la comunicación efectiva hay seis cosas que necesitan suceder; todas implican escuchar.

> a. Hablar—una persona le habla a otra.
>
> b. Escuchar— El que va a captar el mensaje recibe ondas auditivas en sus oídos.
>
> c. Escuchar y responder— El oyente traduce las palabras del orador en pensamientos y se los transmite a su cerebro.
>
> d. Retroalimentación— El oyente retroalimenta lo que ha escuchado. Esto puede ser verbal o no verbal, como un asentimiento con la cabeza.
>
> e. Procesar la Retroalimentación— El orador determina si el oyente ha entendido el mensaje. En este punto la comunicación puede ir en dos direcciones.
>
> f. Corregir o Continuar—Si la retroalimentación le dice al orador que el oyente ha recibido el mensaje, el orador continuará comunicándose. Si la retroalimentación le muestra al orador que el mensaje no ha sido recibido, el orador debe corregir la retroalimentación y comenzar el ciclo de nuevo.

La clave para una buena comunicación es escuchar. Debes concentrarte en lo que se dice. Los siguientes son dos ejemplos de escucha.

Ejemplo Uno: Esta comunicación es entre un marido y su esposa.

Esposa: "Estoy preocupada por nuestras deudas"

Marido: Silencio

Esposa: "Necesitamos hablar sobre nuestros pagos"

Marido: "Así que piensas que no hago suficiente dinero"

En lugar de concentrarse en lo que dijo su esposa, se puso a la defensiva y no entendió el mensaje real porque se concentró en sus propios sentimientos.

Ejemplo Dos: En este ejemplo de 2 Samuel 23, el Rey David es un hombre viejo y está saliendo a pelear contra los filisteos. Está acampado en una cueva. Él piensa en voz alta: "¡Ay, que alguien me diera de beber del pozo de Belén, que está junto a la puerta! (v. 15 NKJV). Tres de sus hombres lo oyeron y esa noche arriesgaron sus vidas para colarse en Belén y traerle agua a David. Estaba tan conmovido por la devoción de ellos que ofreció el agua como ofrenda al Señor.

Los hombres de David recibieron el mensaje porque estaban enfocados en las palabras de su amado líder y no distraídos por sus propias preocupaciones.

2. Habla

Deberíamos ser rápidos para escuchar, pero lentos para hablar. Algunos dicen que Dios nos ha dado dos oídos y una boca para un propósito, lo que significa que debemos escuchar más de lo que hablamos. Algunas personas son culpables de poner la boca en movimiento antes de que el cerebro esté en marcha. Se lento para hablar. La palabra hablada no puede ser encubierta. La Biblia está llena de advertencias sobre cómo la boca nos mete en problemas.

Proverbios 13:3 dice, "El que guarda su boca guardas su alma; más el que mucho abre sus labios tendrá calamidad."

Proverbios 24:26 dice, "Besados serán los labios del que responde palabras rectas." La historia del famoso elefante en la habitación describe a la gente hablando a propósito de todo menos de lo obvio. La buena comunicación nos hace hablar de los problemas, incluso de los más dolorosos. Cuando Santiago nos advierte que seamos lentos para hablar, no quiere decir que *no hablemos*. Quiere decir que hables con cuidado y pensativo.

3. Evita Palabras Hirientes

En Santiago, la Biblia habla de ser lento para la ira. La ira y la rabia han destruido más hogares que los tornados y las termitas combinados. Las palabras explosivas hieren a la gente y destruyen las relaciones.

Cuando Dwight D. Eisenhower era un niño, tenía un temperamento terrible. Una vez, cuando su padre le dijo que no podía ir con su hermano mayor, se enfureció. Comenzó a golpear el árbol con el puño hasta que le sangraron las manos. Su padre lo agarró y lo llevó adentro. Su madre comenzó a citar Proverbios 16:32, "Mejor es el que tarde se aira que el fuerte; y el que se enseñorea de su espíritu, que el que toma una ciudad". A medida que maduraba, Eisenhower le pidió a Dios que le ayudara a controlar su temperamento. Más tarde escribió que si no hubiera aprendido a controlar su temperamento, nunca habría sido elegido como el comandante supremo para dirigir las fuerzas en la Segunda Guerra Mundial, y nunca habría llegado a ser Presidente.[3]

Sugerencias

1. Valora la comunicación.
2. Busca mejorar tus habilidades de comunicación.
3. Practica escuchar.
4. Busca entender antes de buscar ser comprendido.
5. Comunícate claramente con una actitud bíblica.

Actividad de Aprendizaje

Auto-exámen de Escucha[4]

Toma esta prueba individualmente, luego discute los resultados en grupo.

1. ¿Escuchas los sentimientos detrás de los hechos cuando alguien está hablando?

    a. Siempre   b. La mayoría de las veces   c. No tanto como debería

2. Generalmente, ¿Hablas más de lo que escuchas en un diálogo con otra persona?

    a. No   b. A veces   c. Si

3. Si sientes que te tomaría mucho tiempo entender algo, ¿te esforzarías por evitar escuchar?

    a. Seguido   b. Rara vez   c. Nunca

4. ¿Interfieren las emociones en tu escucha?

    a. No   b. A veces   c. Si

5. Cuando alguien está hablando, ¿trabajas para hacerles creer que estás escuchando?

    a. Rara vez   b. Seguido   c. Frecuentemente

Arriba dice "Diagrama de Flujo"

CONFLICTO 3

Cambio

El cambio viene en muchas formas. Las siguientes tres historias revelan cómo el cambio en una iglesia puede causar conflicto.

Historias

Caso 1

Cambio de Liderazgo

El pastor Dan anunció su retiro. Después de 25 años, finalmente sucumbió a la presión de su esposa y su familia para acercarse a sus nietos. La iglesia había crecido bajo su liderazgo. La mayor parte del crecimiento a lo largo de los 25 años había provenido de nuevos cristianos. Por lo tanto, cuando se discutió acerca de llamar a un nuevo pastor, la mayoría no tenía experiencia en este proceso.

El Pastor Dan invitó al representante de la iglesia a visitar a los diáconos y a la iglesia con respecto a los consejos prácticos para conseguir un nuevo pastor. El representante de la denominación tenía algunas sugerencias excelentes. Sin embargo, con tan solo un mes de la recepción de despedida del Hno Dan, el conflicto comenzó en varias de las clases de la Escuela Dominical donde la lección tomó un asiento trasero a la discusión de qué tipo de pastor necesitaba la iglesia. Los diáconos trataron de guiar, pero pronto descubrieron que varias personas en la iglesia tenían poca confianza en ellos. Muchos sintieron que los diáconos eran amigos escogidos del Hno Dan que eran demasiado viejos y que no estaban en contacto con la mayoría de la iglesia.

Los diáconos rápidamente consiguieron los servicios de un pastor interino. Esta acción conmocionó a la mayoría de los miembros de la iglesia, quienes sintieron que se les había negado el derecho al voto. En la siguiente reunión de trabajo mensual, tuvo lugar una larga y explosiva discusión. La mayoría de los miembros salieron de la reunión sabiendo que las cosas no se veían alentadoras.

Resultados de la Historia

La iglesia seleccionó a los miembros de un comité de búsqueda y llamó a un nuevo pastor joven dentro de tres meses. El nuevo párroco era totalmente opuesto al Hno. Dan, que era una persona de gente con la visitación como su fortaleza. El nuevo pastor era más reservado. Al cabo de nueve meses, se sintió frustrado y varios en la iglesia pidieron su renuncia. Cinco meses después, renunció. Para entonces, varias familias habían dejado la iglesia.

Caso 2

Cambio de Organización.

La Iglesia Bautista Hopewell era una Iglesia Bautista tradicional con una larga herencia. La iglesia fue fundada en 1856 y había sido un modelo de apoyo a las causas religiosas. Desde su organización, la iglesia ha visto a los diáconos como líderes. Cada recomendación en una reunión de negocios generalmente venía de los diáconos. El pastor James renunció después de diez años para ir a una iglesia más grande. Su pastorado había sido visto como un éxito con brotes de crecimiento.

El Dr. David Giles, que se había graduado recientemente del seminario, fue llamado por la iglesia con la esperanza de que pudiera llegar a las parejas jóvenes. La iglesia comenzó a crecer a medida que varias parejas jóvenes se unieron. Cinco diáconos apoyaron al Pastor John y apreciaron sus esfuerzos para alcanzar a las parejas jóvenes. Algunos de sus nietos no habían estado asistiendo a la iglesia y ahora están asistiendo debido a los esfuerzos del pastor.

Estos cinco diáconos se sorprendieron cuando, en una reunión de negocios, el Dr. David anunció a la iglesia que a todos los diáconos se les entregarían placas y se les cambiaría a la categoría de Diáconos Eméritos. Tres de los diáconos no entendieron, y los cinco se sentaron en silencio. La iglesia votó para aprobar esta acción. El pastor entonces distribuyó el organigrama de la iglesia mostrando una nueva estructura. La carta tenía al pastor en la cima y cinco equipos para servir a la iglesia. Usó TEAM (equipo) como acrónimo de su plan de organización.

  T-Together (juntos) en la adoración
  E.-Evangelismo y Educación
  A-Administración
  M-Ministerio

La iglesia votó para aprobar el nuevo plan, y la reunión de negocios fue clausurada. Los miembros adultos mayores se sorprendieron y se quedaron hasta tarde en el Dairy

Queen, tratando de entender lo que había sucedido. Los diáconos acordaron hablar con el pastor.

Resultados de la Historia

Los diáconos visitaron al pastor durante dos horas. El pastor expresó su aprecio por los servicios de los diáconos, pero dijo que era hora de cambiar y dejar que los hombres más jóvenes dirigieran. Uno de los diáconos dijo: "Ya veremos". En la siguiente reunión de trabajo, los diáconos se levantaron y se pusieron de pie para volver al papel activo de los diáconos y acabar con el enfoque de TEAM. La votación se llevó a cabo y fracasó. Los cinco diáconos y sus familias, así como un centenar de miembros ancianos, abandonaron la Iglesia Bautista Hopewell. Pensando que su iglesia les había sido robada, se sintieron heridos, abusados y enojados.

Caso 3

Cambio de Prioridad

Por tanto como todos lo recuerdan, la escuela dominical fue una prioridad en la Iglesia Bautista West Way. Varios comentaron que las clases de escuela dominical siempre habían tenido una mayor asistencia que los servicios de adoración. Eso comenzó a cambiar cuando la iglesia llamó a Mark Thompson como pastor.

El Hno. Mark era un predicador dinámico, y la congregación amaba su mezcla de humor y estilo de predicación versículo por versículo. Después de un año de crecimiento inusualmente rápido y un desbordamiento de multitudes, la iglesia formó un comité de construcción para planear la construcción de un nuevo auditorio. Durante el proceso de construcción, el Hno. Mark comenzó a compartir con el personal cómo iba a cambiar la adoración una vez que se mudaron al nuevo auditorio. El nuevo edificio tendría dos pantallas de proyección grandes, y no habría coro, sólo un gran escenario donde un equipo de alabanza dirigiría la parte musical del servicio. Además, el servicio de adoración duraría una hora y media y la escuela dominical se reduciría a 50 minutos. El pastor declaró que el énfasis de la Iglesia Bautista West Way iba a cambiar de la Escuela Dominical a un servicio de adoración dominical dinámico y rediseñado. Además, la iglesia tendría cuatro eventos principales de adoración cada año para atraer a la comunidad y a los que no asisten a la iglesia. Hno. Mark tenía la intención de predicar mensajes sobre temas populares para ayudar a crecer a la iglesia.

El personal, especialmente el Ministro de Educación, se sorprendió. Pidió una reunión privada con el párroco, durante la cual tuvieron unas palabras muy agudas. Como las noticias sobre el Hno. Los planes de Mark con respecto al nuevo servicio de adoración se extendieron por toda la congregación, hubo cierto descontento. La iglesia, sin embargo, lo estaba haciendo tan bien que nadie montó una resistencia formidable.

Resultados de la historia

La Iglesia Bautista West Way completó el nuevo edificio e implementó todos los cambios que el Hno Mark había mencionado. La iglesia continuó creciendo. El Ministro de Educación renunció y fue a una iglesia que dijo que valoraban la escuela dominical. Algunas parejas mayores dejaron la iglesia porque prefirieron tener un coro en vez de un equipo de alabanza cantando "cancioncitas". La iglesia continuó creciendo y la Escuela Dominical, aunque no era el enfoque que una vez fue, también creció.

Escrituras

El cambio parece ser el nombre del juego que las organizaciones deben jugar. La resistencia al cambio es el némesis que ladra en cada paso del camino. El problema es que la gente teme, se resiste y trata de sabotear el proceso de cambio. El cambio es difícil de aceptar para algunas personas. Alguien dijo una vez que la única persona a la que realmente le gusta cambiar es a un bebé con un pañal mojado.

Si usted nació antes de 1945, piense en los cambios que ha experimentado. Usted nació antes de la televisión, la penicilina, la vacuna contra la polio, los alimentos congelados, Xerox, el plástico, los lentes de contacto, las tarjetas de crédito, los iPhones y el Internet inalámbrico. En su época, los "armarios" eran para la ropa y no para "salir". Un chip significaba un trozo de madera. El hardware era un tipo de tienda, y el software ni siquiera era una palabra. La hierba era algo que podabas. La coca era una bebida fría, y la olla era algo en que se cocinaba. Wow! Las cosas han cambiado desde 1945. No todos los cambios han sido buenos. Sin embargo, nos guste o no, las cosas cambian.[1] El cambio es una parte necesaria de la vida y esencial para el crecimiento. No cambiar es no crecer.

Reacciones al Cambio

Comúnmente, cuando llegue el cambio, verás estas cuatro respuestas diferentes.

1. Algunos se horrorizarán -- no quieren el cambio porque les costará algo.

2. Algunos tendrán miedo -- Su miedo los congela.

3. Algunas personas estarán agradecidas -- Mucha gente está lista y ansiosa por el cambio.

4. Algunos estarán admirando -- Están sorprendidos, pero no son parte del cambio.[2]

Marcos 5:1-20 nos ayuda a entender cómo reacciona la gente al cambio. En este texto, Jesús milagrosamente produce un cambio físico y espiritual en el hombre poseído por el demonio de los gadarenos. Nota cómo las cuatro respuestas anteriores al cambio se ilustran en estos versículos.

I. Horrorizados por el cambio (versículo 14).

Cuando los demonios fueron expulsados del poseído y se convirtieron en una manada de cerdos, las vidas de los pastores de cerdos cambiaron. Estaban horrorizados y ofendidos. Sus ingresos les fueron arrebatados, y no podían preocuparse menos por el hombre que Jesús había sanado. Sólo se preocupaban de sí mismos.

El problema que muchos tienen con el cambio es que sólo piensan en sí mismos. No tienen amor por los demás y ciertamente no desean cambiar. Pablo nos recuerda en 1 Corintios 13, "El amor no busca su propio camino". Sin embargo, las personas que están heridas o enojadas a veces se vuelven más y más egoístas.

Recuerdo mis imágenes del Mar de Galilea y del Mar Muerto. El Mar de Galilea recibe y distribuye libremente el agua que es transportada por el río Jordán hasta el Mar Muerto. Mientras que el Mar de Galilea está repleto de vida, el Mar Muerto sólo toma agua y no la expulsa. Como resultado, el Mar Muerto no tiene plantas vivas ni peces en él. La gente que sólo toma y nunca da está muerta por dentro.

Algunas personas hoy en día no se apartarán del pecado, aceptarán a Cristo como su Salvador y le seguirán en el bautismo y en la membresía de la iglesia debido al cambio que esto puede traer a sus vidas. Oímos que la gente dice: "No quiero renunciar a mi diversión", "¿Qué pensarán mis amigos?" y "Puedo perder mi trabajo".

¿Hay cosas que no quieres que Jesús cambie? ¿Qué pasaría si Él cambiara tu trabajo, tu estilo de vida, tus ingresos, tus fines de semana, tus tradiciones o tu familia? ¿Cómo responderías tú?

II. Miedo al cambio (versículo 15)

Cuando los pastores de cerdos fueron a la ciudad y le contaron a la gente cómo había cambiado el demonio, tuvieron miedo. El saber que alguien entre ellos era lo suficientemente poderoso como para provocar un cambio tan dramático les asustaba. Al igual que en los tiempos bíblicos, muchas personas hoy en día tienen metástasisiofobia, miedo al cambio. Algunas otras "fobias" que las personas han tenido incluyen:

Hidrofobia - Miedo al agua
Tonitrofobia - Miedo al trueno
Entomofobia - Miedo a los insectos
Zeusofobia - Temor a Dios
Nyctophobia - Miedo a la oscuridad
Zoofobia - Miedo a los animales
Ophidiophobia - Miedo a las serpientes
Eclesiofobia - Miedo a la iglesia
Coulrofobia - Miedo a los payasos
Fobofobia - Miedo a las fobias
Acrofobia - Miedo a las alturas

Peladofobia - Miedo a la calvicie

El presidente Franklin Delano Roosevelt dijo: "No tenemos nada que temer más que al miedo mismo". El miedo es una fuerza muy destructiva. Satanás lo sabe y trata de infundir miedo en los corazones de los hombres para hacerlos ineficaces. El miedo es lo opuesto a la fe. La Biblia dice que el amor perfecto echa fuera el miedo y los que tienen fe en Cristo no están en esclavitud al espíritu del miedo, sino del amor y de una mente sana.

Mi esposa escucha un CD de las Crónicas de Narnia cada noche. En esta alegoría escrita por C. S. Lewis, dos hermanas, Susan y Lucy, están listas para conocer a Aslan, el león que representa a Cristo. Dos animales parlantes, el Sr. y la Sra. Beaver, intentan preparar a las chicas para que conozcan a Aslan.

Las dos hermanas siguen preguntando: "¿Es seguro?"

Los castores responden: "Claro que no está a salvo, pero es bueno. Él es el Rey".

Aunque temamos el cambio, debemos enfrentarnos a él. ¿Quién sino Cristo puede hacer los cambios que necesitamos en nuestras vidas?

III. Apreciando el cambio (versículos 18-19)

El hombre demoníaco apreciaba el cambio que Cristo trajo a su vida. Jesús tenía la misión de contarle a toda la nación lo que le había sucedido. Me pregunto por qué la iglesia está cada vez más callada acerca del cambio que Jesús ofrece. Todas las estadísticas revelan que el número de bautismos ha bajado, la asistencia a la iglesia ha bajado, más de 1,000 iglesias al año están cerrando sus puertas y cerrando sus negocios, y cada vez menos personas están dispuestas a servir.

Los líderes denominacionales culpan al hecho de que no hemos enfatizado el evangelismo. Algunos culpan a la falta de discipulado. Algunos dicen que el problema con el declive es porque no estamos comenzando nuevas iglesias. ¿Podría ser que muchos estén viniendo a la iglesia por consuelo y no por cambio?

Arnold L. Cook en Historical Drift, afirma: "La tendencia inherente de las organizaciones humanas [es] apartarse con el tiempo de sus creencias, propósitos y prácticas originales, lo que en el contexto cristiano resulta en la pérdida de la vitalidad espiritual"[3]

Josué, después de la muerte de Moisés, condujo a los hijos de Israel a la tierra prometida. Josué entendió el fuerte compromiso de Dios de transmitir la fe a través de las generaciones sucesivas. Inmediatamente después de cruzar el río Jordán hacia la nueva tierra, levantó un monumento de 12 piedras para que todo el pueblo pudiera recordar la mano poderosa de Dios y temer siempre al Señor (Josué 4:20-24). El pueblo sirvió al Señor durante toda la vida de Josué. Pero Jueces 2:7-10 registra que después de la muerte de Josué creció otra generación, que no conocía al Señor ni lo que había hecho por Israel. Si perdemos nuestro aprecio por el cambio que Cristo ha hecho en nosotros, nos alejaremos de Sus caminos.

Cuatro razones por las que una iglesia se resiste al cambio

1. Congregacional

    a. Alto valor de la beca tradicional y su mantenimiento

    b. Conflicto eclesial en curso

    c. Sin visión

    d. Desconfianza

2. Personal

    a. Concentrarse en sí mismos

    b. Falta de comprensión

3. Cultural

    a. Ver el cambio como un compromiso con la cultura mundana.

    b. Idealizar el pasado.

4. Miedo/Fé[4]

> **Otros factores por los que la gente se resiste al cambio**
>
> 1. Amenaza a los poseedores de poder
> 2. Amenaza la identidad
> 3. Crea una sensación de pérdida que produce dolor
> 4. Requiere aprender nuevas formas
> 5. Requiere energía
> 6. Tiende a mostrar falta de respeto por la historia pasada
> 7. Elimina a las personas de sus posiciones de importancia y hace que se sientan desvalorizadas.
> 8. Expone la debilidad y la incompetencia de algunas personas
> 9. Crea subgrupos que buscan sabotear el progreso
> 10. Amenaza el sistema de la iglesia y desmantela sus estructuras de autoridad.[5]

Sugerencias

Cuando te enfrentes a un cambio, haz lo siguiente:

1. Recuerda que tu responsabilidad principal es obedecer la voluntad de Dios. Jeremías 29:11 dice: "Porque yo conozco los planes que tengo para vosotros, dice el Señor, planes de bienestar y no de maldad, para daros un futuro y una esperanza". Colosenses 1:9 dice: "Así que, desde el día que oímos, no hemos cesado de orar por vosotros, pidiendo que seáis llenos del conocimiento de su voluntad en toda sabiduría y entendimiento espiritual". Pablo oró por los Colosenses para que estuvieran llenos del conocimiento de la voluntad de Dios.

2. Recuerda las prioridades de Dios. Podemos lograr mucho bien, pero debemos mantenernos enfocados en las prioridades de Dios de adoración y evangelismo. En Colosenses 1:10, Pablo oró para que la iglesia creciera en el conocimiento de Dios. Hacemos esto al tener tiempo con Dios en la adoración y al compartir a Cristo con otros. Cada uno, de vez en cuando, necesita hacer una lista de sus valores y aclarar lo que es importante.

3. Haz los cambios necesarios para que tus valores coincidan con la voluntad de Dios.

4. Evalúa la actitud de la iglesia hacia el cambio. Lee la historia de la iglesia. Habla con los miembros mayores para identificar a los "guardianes", las "vacas campana" o los "E.F. Huttons" que son los miembros con influencia.

5. Se honesto al evaluar tu propia motivación para el cambio. Pregúntate a ti mismo, "¿Estoy tratando de construir mi currículum o la iglesia?"

6. Edúcate sobre los principios apropiados para el cambio. Lee libros, asiste a conferencias y visita a otros pastores que han dirigido cambios exitosos o no exitosos.

7. Practica principios de cambio apropiados. Relaciona todos los cambios con la visión de la iglesia; ganate el derecho de liderar en el cambio; involucrar a otros, como los líderes laicos, y comunicarse continuamente.

Actividad de Aprendizaje

Objetivo: Ayudar al grupo a comprender hasta qué punto los individuos se aferrarán a una posición

1. Divide los grupos en parejas.
2. Dale a cada pareja un pedazo de cuerda de 5 pies de largo.
3. Pídele a cada grupo que juegue al tira y afloja.

Después de 15 minutos o después de que un equipo gane, discutan lo siguiente:
1. ¿Cuánto tiempo estuviste dispuesto a tirar?
2. ¿Qué fue lo que precipitó tu decisión de dejarlo ir?
3. ¿Cómo afectó su decisión a la otra persona?

Relaciona esto con un conflicto sobre el cambio.[6]

"Liderazgo" "Demasiado Fuerte o Demasiado Débil"

CONFLICT 2

Liderazgo muy Fuerte/ Liderazgo muy Débil

Aunque nos proporcionan cierta comprensión, las encuestas sobre las causas de los conflictos no cuentan toda la historia. En cada encuesta que he leído, he entendido la causa del conflicto, pero dos áreas de extremos me han dejado perplejo. En la misma encuesta, un grupo dice que el liderazgo pastoral es demasiado fuerte y otro grupo dice que el liderazgo pastoral es demasiado débil. Un pastor puede querer levantar las manos y decir: "No puedo ganar". Algunas personas nunca estarán satisfechas. Algunos quieren un líder fuerte mientras que otros se resisten a un líder fuerte. Esta sección examinará ambos extremos en el liderazgo. Revisaremos dos casos y esperamos tener algunas sugerencias bíblicas y prácticas.

Historia

Caso 1

El Liderazgo muy Fuerte

Después de graduarse del seminario, el Pastor Jason estaba entusiasmado de ser llamado a su primera iglesia de tiempo completo. Era todo lo que siempre quiso: una casa pastoral cerca de la iglesia, una oficina del pastor y un pequeño pueblo con mucha gente que no iba a la iglesia para visitar. Durante el proceso de entrevista, el Comité de Búsqueda Pastoral había invitado a Jason y a su esposa a visitar la iglesia. Se reunieron en el sótano que albergaba el salón de la confraternidad y las aulas de la escuela dominical.

Durante el tiempo de preguntas y respuestas, uno de los diáconos comentó: "Sabe, Pastor Jason, vamos a crecer y necesitaremos una sala de reuniones más grande. Hemos estado pensando en derribar estos salones de la escuela dominical y hacer un salón más grande para la confraternidad. ¿Tienes experiencia en construcción?"

El pastor Jason respondió: "Mi papá era carpintero y yo crecí ayudándolo a construir y remodelar casas, construir graneros y hacer casi todo lo que se te ocurra en el negocio de la construcción".

El diácono respondió: "¡Eso es genial!"

El pastor Jason y su esposa se mudaron a la casa parroquial el sábado. Predicó su primer sermón el domingo, asistió a la recepción de toda la iglesia el domingo por la noche y se levantó temprano el lunes por la mañana listo para ir a trabajar. Con su mazo y sus herramientas de carpintería en la mano, se dirigió al sótano de la iglesia y comenzó a derribar paredes para ampliar el salón de la confraternidad. En unas cuatro horas, había reducido la mayoría de las paredes a una gran pila de escombros compuesta de yeso y madera.

Tres de los diáconos se detuvieron para llevar al Pastor Jason a tomar café. Oyeron ruido en el sótano y bajaron por la larga y estrecha escalera. Estaban conmocionados. Sus ojos se encontraron con incredulidad. Un diácono finalmente decidió hablar.

"¿Pastor, que está haciendo?"

El pastor Jason respondió: "Estoy ampliando el salón de la confraternidad. Dijiste que la iglesia había estado pensando en hacer esto, así que decidí que era un buen momento".

Los diáconos respondieron: "Pastor Jason, hemos estado hablando de eso durante diez años, pero no teníamos intención de hacerlo hoy. ¿Qué pasa con el nuevo piso y dónde se reunirán las clases de la escuela dominical? ¡Oh, no! Ahora tenemos muchos problemas".

El Hno. Jason dijo: "No soy el tipo de pastor que se queda sentado. Cuando hay algo que hay que hacer, lo hago. Hay tres cuartos arriba que podemos usar para la escuela dominical. Iré a la fábrica de pisos de la ciudad a pedir los nuevos pisos y los instalaré. Parecen sorprendidos, hombres. No se preocupen. Tendré esto hecho para el domingo. Vamos a tomar un café, y compartiré otros planes que tengo con ustedes".

El pastor Jason se quedó en la iglesia dos años más. Durante ese tiempo, remodeló el edificio, llamó al primer ministro a tiempo completo de música y juventud de la iglesia, y llegó con éxito a varias familias nuevas. Comenzó pequeños grupos y dirigió la iglesia en un viaje misionero anual a la India. En una reunión mensual de diáconos, el presidente comenzó lo que se convertiría en una sesión de dos horas.

El presidente dijo: "Hno. Jason, eres un gran pastor. Usted ha hecho mucho por esta iglesia pero, para ser honesto, se mueve demasiado rápido para la mayoría de nosotros. Nuestros ancianos están cansados de todo lo que les exiges. Sea honesto. La mayor parte de lo que tú empezaste, nunca lo votamos. Usted ha pasado por alto a los diáconos y acaba de comenzar algo sin una moción, discusión o votación. Todos hemos hablado y sentimos que usted sería más adecuado para una iglesia más grande con miembros más jóvenes. Eres un líder demasiado fuerte para nosotros, los campesinos".

El pastor Jason estaba completamente conmocionado. Escuchó mientras los otros diáconos se hacían eco de lo que el presidente había dicho. Se fue a casa esa noche dolido y asombrado. A la mañana siguiente, llamó a un amigo para que se reuniera con él para tomar un café. Jason abrió la conversación diciendo: "Anoche me di cuenta, después de dos años, que quiero más para esta iglesia de lo que ellos quieren". Contó lo que ocurrió en la reunión de los diáconos. Antes de que el pastor Jason dejara dejara de hablar con su amigo, le dio permiso para compartir su currículum con una iglesia más grande en un pueblo cercano.

Resultados de la Historia

En dos meses, hermano. Jason y su familia fueron llamados a la iglesia más grande de la ciudad cercana. Esta nueva y más grande iglesia tenía un ministro de música a tiempo completo, un director de educación, un ministro de la juventud y un ministro de la juventud. La iglesia estaba creciendo, y el fuerte liderazgo de Jason era lo que esta iglesia necesitaba.

Caso 2

El Liderazgo es muy Débil

John era un introvertido natural, tranquilo y tímido. Luchó con su llamado a predicar. Sabía que amaba a Dios y a la iglesia, pero conocer gente y predicar le causaba gran ansiedad. Compartió con un amigo pastor que cada domingo por la mañana se despertaba con calambres estomacales y diarrea debido al estrés de estar frente a una multitud de personas. John era una gran persona uno-a-uno con gente que conocía. Nunca se perdía una visita al hospital, y era muy bueno consolando a los afligidos. Su oficina siempre estaba limpia, y los informes financieros, los boletines de la iglesia y los boletines de noticias eran obras de arte perfectas.

La iglesia tuvo un promedio de 120 asistentes. A medida que el pueblo crecía y se construían subdivisiones cerca de la iglesia, la asistencia aumentó a más de 200 personas. La iglesia llamó a un hombre joven e inexperto que asistió a la universidad local como director del ministerio de Juventud/Música. Era lo opuesto al pastor Jason. El ministro de la juventud pensó y actuó rápidamente sobre los temas, mientras que John necesitó contemplar los temas durante meses antes de tomar una decisión o tomar acción.

Las cosas iban bien hasta que el ministro de la juventud dirigió al grupo de jóvenes en una recaudación de fondos para ayudar a financiar un viaje a Splash World, el gigantesco parque acuático a doscientas millas de distancia. John no sabía de la recaudación de fondos porque el ministro de jóvenes siempre tenía una excusa para no asistir a las reuniones de personal. John lo dejó pasar y asumió que así eran los jóvenes hoy en día. Después de todo, la asistencia de los jóvenes estaba creciendo. Aproximadamente dos semanas después de que los jóvenes viajaron a Splash World, varios padres pidieron reunirse con el Pastor John.

Los padres aprovecharon la oportunidad para descargar todo lo que pensaban que estaba mal con el ministro de la juventud. Su primera preocupación fue su petición en la recaudación de fondos. Les pidió a las niñas que usaran bikinis para atraer a más hombres que necesitaban lavar sus camiones. Su siguiente preocupación se refería al hecho de que en el viaje a Splash World, el ministro de la juventud sólo tenía otro patrocinador, que era una mujer de moral y capacidad mental cuestionables. John escuchó y dijo que hablaría con el ministro de la juventud.

John perdió dos noches de sueño preocupado por cómo acercarse al ministro de jóvenes. No quería desanimarlo, pero sabía que el ministro de jóvenes necesitaba orientación. Pasó otra semana antes de que John finalmente encontrara tiempo para confrontarlo. El ministro de la juventud dijo que los padres sabían lo que estaba sucediendo y que sólo eran quejumbrosos. Le dijo al pastor John: "No te preocupes. Yo me encargo de esto". John estuvo de acuerdo con este arreglo y aconsejó al ministro de jóvenes que visitara a los padres preocupados.

En otra ocasión, algunas de las parejas jóvenes que recientemente se unieron a la iglesia se acercaron al Pastor John un domingo por la noche. "Pastor, ¿podemos hablar con usted?", le preguntó uno. John asintió con la cabeza y los llevó a su oficina. Para sorpresa de John, cuando llegó a su oficina, había seis parejas esperando para hablar con él. Una pareja estaba planeando una boda para su hija y quería celebrar un baile en el salón de la iglesia y servir champán durante la recepción. El estómago de John estaba en un nudo. Como se sentía presionado, dio su permiso en contra de su mejor juicio. En la siguiente reunión de diáconos, los diáconos lo confrontaron sobre esta decisión.

"Pastor, nunca hemos tenido un baile en esta iglesia. Somos bautistas", dijo el presidente.

Otro diácono añadió: "Los metodistas y los católicos bailan, pero no los bautistas. Puedo pasar por alto el baile, pero brindar con champán es ir demasiado lejos. Pastor John, ¿les diste permiso para hacer esto?"

John estaba abrumado. Escuchó e intentó explicar, pero fue interrumpido por uno de los diáconos cada vez que intentaba hablar.

A pesar de las numerosas dificultades, la iglesia continuó creciendo. Los miembros más jóvenes decidieron que la iglesia necesitaba un gimnasio o un centro de vida familiar, así que se acercaron al pastor, quien los animó a orar. Seis meses después, uno de los miembros interesados le preguntó al pastor si estaba listo para acercarse a la iglesia y formar un comité de construcción. John les dijo que todavía estaba rezando. Tres meses más tarde, después de que no se hubiera tomado ninguna decisión ni se hubiera formado ningún comité, varios de los miembros del grupo pidieron una reunión privada con los diáconos.

Uno de los jóvenes habló primero. "Hombres, amamos al Hermano. John como pastor, pero es un líder débil. Evita la confrontación, y llevamos nueve meses esperando que forme un comité para investigar y planear un Centro de Vida Familiar".

Esto comenzó la sesión de quejas de tres horas. Al día siguiente, dos de los diáconos que eran los mejores amigos de John le pidieron a John que se reuniera con ellos para tomar un café. Cuando le dijeron a John sobre la reunión de la noche anterior, John les dijo a sus amigos que había estado orando sobre el asunto pero que no creía que era un buen momento para acercarse a la iglesia. Los dos diáconos le dijeron a John que lamentaban tener que decirle que muchos en la iglesia pensaban que él era un líder demasiado débil para esta iglesia en crecimiento.

Los tres hablaron un rato más y cerraron en oración. John se fue a casa enfermo de corazón y compartió todo con su esposa. Decidieron tomarse un tiempo para orar, así que se dirigieron a su parque estatal favorito y acamparon por una semana. Hacia el final de su viaje, John le dijo a su esposa que no estaba preparado para luchar contra esto, y que no quería lastimar a la iglesia. "Mary, ¿te importaría si renuncio y me voy a trabajar con mi hermano Jim como su asistente contable? Ha estado detrás de mí para ayudarlo. Tengo mi título en contabilidad y sé que me gustaría trabajar con él". Mary estuvo de acuerdo y prometió que lo apoyaría en su decisión.

Resultados de la Historia

John ofreció una emotiva resignación el domingo siguiente. El domingo siguiente a ese domingo, la iglesia le dio una agradable recepción de despedida, y poco después, él y su familia se mudaron de la parroquia. Después de un mes como asistente contable de su hermano, se dio cuenta de que ya no tenía calambres estomacales ni diarrea los domingos por la mañana.

Escrituras

La Biblia es clara en cuanto a que el pastor debe ser el líder espiritual. Pasajes del Nuevo Testamento como 1 Timoteo 3:1-7 y Tito 1:5-9 dan las calificaciones del líder. Hechos. 2:17-35, 2 Timoteo 4:1-5, 1 Pedro 5:1-4 instruir al pastor sobre cómo debe llevar a cabo sus deberes pastorales.

Por título y referencia en la Biblia, el pastor es el supervisor de la iglesia, estableciendo tanto la visión como la dirección de la iglesia. Aun así, debe ser un líder servidor. Jesús fue claro en esto en Mateo 20:25-28. El liderazgo de servicio no significa que un pastor deba llevar a cabo todos los caprichos de los miembros; no es un asalariado o un mensajero de la iglesia. Debemos recordar que un pastor es primero un siervo de Dios, no un siervo de las ovejas. Él es responsable ante Dios.

La palabra griega *poimen* se traduce como *shepherd* (ovejero) o *pastor* y es un término de cariño. Un pastor debe tener una relación con su pueblo como un pastor tiene con sus ovejas. El pastor debe alimentar y cuidar a su pueblo así como un pastor alimenta y cuida a sus ovejas.

En el libro de John MacArthur, Pastoral Ministry, el capítulo sobre "Leading" (liderando) de Alex D. Montoya ofrece los siguientes excelentes requisitos prácticos:

1. Un buen líder se las arregla solo. Jesús acusó a los líderes judíos de no ser aptos para el liderazgo, llamándolos guías ciegos (Mateo 15:14, y 23:16, 24). Un líder debe vivir una vida controlada. Debe saber cómo administrar su tiempo, su dinero, su vida familiar e incluso sus deseos.

2. Un buen líder sabe cómo tomar buenas decisiones. El proverbio "the buck stops here" (la responsabilidad se detiene aquí) se aplica al pastor. La indecisión o las malas decisiones serán costosas en el ministerio.

3. Un buen líder se comunica eficazmente. Un pastor eficaz es más que un teólogo. Debe ser un comunicador eficaz. No sólo debe ser capaz de predicar, sino también de comunicar visión y dirección para la iglesia.

4. n buen líder es aquel que maneja su estilo de liderazgo. Hay numerosos estilos de liderazgo. Los líderes de las iglesias en crecimiento saben que es importante cambiar el estilo de liderazgo para satisfacer la necesidad.

5. Un buen líder se lleva bien con la gente. Alguien ha dicho: "El ministerio sería una gran ocupación si no fuera por el pueblo".

Solía reírme de eso, pero ahora digo: "¿Por qué estás en el ministerio si no te gusta la gente?". El ministerio es un negocio de personas. Un pastor puede ser un erudito, un gran predicador y un gerente experto, pero si no ama verdaderamente a la gente, nunca será un gran líder.

6. Un buen líder es aquel que inspira. La gente tiene sus altibajos y sus pormenores debido a las circunstancias cambiantes en sus vidas. Un buen líder debe aprender y ser capaz de inspirar a otros, independientemente de las situaciones en las que se encuentren en ese momento.

7. Un buen líder es aquel que está dispuesto a pagar el precio. Ser pastor no es una tarea fácil. No es para los débiles de corazón, para los débiles o para aquellos que buscan una vida fácil. Los líderes deben estar dispuestos a entrar en la guerra y pagar el precio..[1]

Sugerencias

1. Manejar recursos y dirige a la gente. Tener entendimiento entre los gerentes y los líderes.

2. Delegar responsabilidades. Aprender a utilizar y valorar a los voluntarios.

3. Resistirse a sí mismo y honrar a Dios.

Actividad de Aprendizaje

Cuidado: Usa la sabiduría y no des nombres específicos en tu discusión.

1. Da un ejemplo de un pastor que conoces cuyo liderazgo es demasiado fuerte.

2. Da un ejemplo de un pastor que conoces cuyo liderazgo es demasiado débil.

Historia de un Nieto

El nieto estaba escuchando a Henry y Henrietta hablar de su situación financiera. Henrietta había heredado una gran suma de dinero. Construyó una gran casa nueva y la llenó de muebles nuevos. Le dijo a Henry que si no fuera por todo su dinero, no tendrían esta gran casa nueva. Henry dijo: "Sí, querida".

Henrietta dijo: "Henry, si no fuera por todo mi dinero, no estaríamos sentados en estos nuevos muebles".

Henry respondió, "Sí, querida."

Henrietta dijo, "Henry, si no fuese por todo mi..."

Henry había escuchado lo suficiente y la había interrumpido. "Henrietta, si no fuera por todo tu dinero, no estaría aquí."

CONFLICTO 1

Control / Poder

Historia

Control/Poder

La Iglesia Bautista de Fairview, de 110 años de antigüedad, estaba ubicada a unas 70 millas al sur de la zona metropolitana de Minneapolis-St. El nombre de la familia Garrison era bien conocido tanto en la comunidad como en la historia de la iglesia. Además de ser dueños del almacén local de alimentos y granos por más de cien años, los Guardianes habían ayudado a establecer la Iglesia Bautista de Fairview.

Sam Garrison había sido el presidente de los diáconos durante los últimos 15 años. Billy (el hijo de Sam) y John (el hermano menor de Sam) también sirvieron como diáconos. Además, la esposa de Sam, Sally, era la jefa de la organización de mujeres y directora del coro de niños. El sobrino de Sam, John Wyatt, dirigía la música.

Los Garrison no eran malas personas. Al contrario, eran muy generosos. Dieron mucho de su tiempo y finanzas a la iglesia. Siempre que las finanzas bajaban o que la iglesia tenía un proyecto especial, como recaudar dinero para que los jóvenes fueran a acampar, los Garrison siempre compensaban la diferencia monetaria para satisfacer la necesidad. Algunos en la comunidad se referían a la iglesia como la iglesia de Garrison.

La iglesia tenía un promedio de 170 en adoración. La asistencia ascendería a alrededor de 200, y luego volvería a bajar. El promedio de permanencia de un pastor en Fairview era de tres años, y la iglesia había llamado recientemente a un nuevo pastor.

Durante el proceso de entrevista con el Comité de Búsqueda de Pastor, el posible pastor Bill Douglas le preguntó al comité, "¿Quieres crecer y alcanzar a los perdidos de tu comunidad?" Todos en el comité dijeron que creían que eso es lo que una iglesia debe hacer.

Hno. Douglas estaba entusiasmado con su llamado a la Iglesia Bautista de Fairview como pastor y vino a la iglesia con el deseo de hacer del evangelismo la prioridad. Esta no fue su primera iglesia. Había pastoreado una iglesia de fin de semana mientras asistía al seminario. Fairview, sin embargo, sería su primer pastorado de tiempo completo y estaba ansioso por hacer crecer una iglesia.

El primer año, la iglesia creció y promedió la asistencia más alta en su historia. Algunos domingos tendrían 300 en adoración. Parte del crecimiento provino de una nueva subdivisión construida fuera de la ciudad. Algún crecimiento resultó cuando unos 30 miembros se unieron a la iglesia de Fairview debido a una división en la Primera Iglesia Bautista al otro lado de la ciudad. Sin embargo, todos estuvieron de acuerdo en que gran parte del crecimiento fue el fruto de los esfuerzos evangelísticos del pastor Douglas.

Los Garrison parecían contentos. El pastor Douglas mantuvo buenas relaciones con la familia, especialmente con Billy, el hijo de Sam. El pastor Douglas y Billy tenían más o menos la misma edad y les encantaba el pescado de caña.

La primera señal de tensión llegó cuando algunos de los "nuevos miembros" se ofrecieron para ayudar a la esposa de Sam, Sally, con el coro de los niños. Aparentemente, todo fue bien hasta que llegó el momento del programa anual de Navidad. Sally había hecho el mismo musical infantil para Navidad desde que Billy era un niño en el coro de niños. Este año, sin embargo, los nuevos miembros querían hacer algo diferente. Al principio Sally estuvo de acuerdo, pero cuanto más lo pensaba, más se sentía apartada.

Una noche le comentó a Sam: "Sam, estoy empezando a preocuparme por nuestra iglesia. Extraño las veces que conocí a todos los que eran miembros. Hay tanta gente que no conozco. Además, algunas de esas personas nuevas están tratando de tomar el control y hacerme a un lado. ¿Cómo te sientes al respecto?"

"Bueno, Sally," comenzó Sam, "Entiendo cómo te sientes. El pastor Douglas es un gran trabajador, pero rara vez me confía lo que solía hacer. La mayor parte de su tiempo lo pasa con los hombres más jóvenes. También me preocupa cuánto tiempo pasa Billy con él cuando debería estar en casa con su familia".

Sam decidió visitar al Pastor Douglas y hacerle saber lo herida que estaba Sally por la forma en que había sido tratada por los nuevos miembros. Sam dijo: "Pastor, Sally ha dado más de 30 años para dirigir el coro de los niños. ¿No estás de acuerdo en que ella sabe lo que está haciendo?"

El pastor Douglas respondió que estaba seguro de que Sally sabía exactamente lo que estaba haciendo. Le aseguró a Sam que había hecho un buen trabajo durante mucho tiempo. Antes de que pudiera decir más, lo interrumpieron.

Sam dijo: "Predicador, la familia Garrison ha dado mucho a esta iglesia. Hemos visto a los predicadores ir y venir, y no vamos a ser expulsados por ti".

El pastor Douglas se sorprendió, pero mientras trataba de responder, Sam se alejó..

Resultados de la Historia

Las cosas continuaron desenredándose en la Iglesia Bautista de Fairview, y los lados se formaron rápidamente basados en aquellos que apoyaron a la familia Garrison y aquellos que apoyaron al pastor. Como muchos de los nuevos miembros no asistieron a las reuniones de negocios, no sabían de los esfuerzos que se estaban haciendo para remover a Douglas como su pastor.

El pastor Douglas no estaba preparado cuando, tres meses después de la confrontación, Sam se levantó y dijo: "Propongo que declaremos vacante el púlpito". Su hermano, John, le dio un segundo rápido. El pastor Douglas trató de hablar, pero varios pidieron una "pregunta". Se llevó a cabo una votación, y la mayoría de los presentes votaron por el Pastor Douglas. La mayoría de la iglesia estaba ausente en el momento de esta reunión, pero cuando se enteraron de los resultados de la reunión de negocios, vinieron en masa para mostrar su apoyo al Pastor Douglas.

Después de una semana de conmoción y de muchas charlas, un grupo preguntó al H. James. Douglas para comenzar una nueva iglesia en la ciudad. Así nació la Iglesia Comunitaria de la Gracia. La asistencia a la Iglesia Bautista de Fairview disminuyó de 300 a 120 el domingo siguiente. La familia Garrison sonreía y decía: "Así eran las cosas antes". Sin embargo, Billy y su familia se mudaron a la Iglesia de la Comunidad de la Gracia, lo que causó problemas dentro de la familia Garrison.

Escrituras

Control/Poder o el mal uso del control y el poder está destruyendo muchas de las iglesias de hoy. Según la Encuesta del Director de Misiones citada anteriormente, la razón número uno para el conflicto en la iglesia son las luchas de poder o los problemas de control.[1]

Las Escrituras contienen numerosos ejemplos de aquellos que tuvieron poder y de aquellos que abusaron de él.

I. Verdades Bíblicas sobre el poder

A. El poder se origina de Dios.

David declara en su oración,

"Tuya es, oh Jehová, la magnificencia, y el poder, y la gloria, la victoria, y el honor; porque todas las cosas que están en los cielos y en la tierra son tuyas. Tuyo, oh Jehová, es el reino, y la altura sobre todos los que están por cabeza." 1 Crónicas 29:11

"TODA alma se someta á las potestades superiores; porque no hay potestad sino de Dios; y las que son, de Dios son ordenadas." Romanos 13:1

B. El poder es dado a quien Dios decida.

El poder es una cuestión de mayordomía y se da para los propósitos de Dios.

"Y él mismo dió unos, ciertamente apóstoles; y otros, profetas; y otros, evangelistas; y otros, pastores y doctores; Para perfección de los santos, para la obra del ministerio, para edificación del cuerpo de Cristo." Efesios 4:11-12

"TÉNGANNOS los hombres por ministros de Cristo, y dispensadores de los misterios de Dios. Mas ahora se requiere en los dispensadores, que cada uno sea hallado fiel." 1 Corintios 4:1-2

C. El poder que es terrenal y el poder que es espiritual crean tensión.

"Porque sabemos que la ley es espiritual; mas yo soy carnal, vendido á sujeción del pecado. Porque lo que hago, no lo entiendo; ni lo que quiero, hago; antes lo que aborrezco, aquello hago. Y si lo que no quiero, esto hago, apruebo que la ley es buena." Romanos 7:14-16

II Ejemplos Bíblicos de Poder (Mateo 20:20-28)

Una encuesta de personajes

A. Madre e hijos ambiciosos (Mateo 20:20-21)

Salomé, la hermana de María, madre de Jesús (Mateo 27:56, Marcos 15:40, y Juan 19:25), y su esposo, Zebedeo, tuvieron dos hijos llamados Santiago y Juan. Como hermana de María, Salomé era la tía de Jesús y sus hijos eran sus primos hermanos. Tenían razón al pensar que Jesús iba a establecer un día un reino literal en Jerusalén (2 Samuel 7:10-16, Isaías 9:7 y 11:1-9, Jeremías 23:3-8 y Ezequiel 37:24), pero estaban equivocados en su intento egoísta de buscar un alto lugar de honor usando la influencia de las conexiones familiares. Su táctica era común, usando la influencia de familiares y amigos para salir adelante en la vida. Como dice el mundo: "Lo que cuenta es a quién conoces"

Aunque los hijos de Zebedeo parecen ser humildes al inclinarse, claramente la petición es egoísta y audaz. Estaban pidiendo los dos lugares más altos de honor, como los escribas y fariseos que amaban "el lugar de honor en los banquetes, y las sillas principales en las sinagogas" (Mateo 23:6). Estos dos hermanos anhelaban que el prestigio y la preeminencia fueran exaltados sobre los demás discípulos.

B. Respuestas del Salvador (Mateo 20:23)

Aunque Jesús no reprendió la idea de Santiago y Juan del reino literal de Jerusalén, sí dijo que eran ignorantes por no saber lo que pedían. Jesús, respondiendo directamente, les dijo: "No sabéis lo que pedís. Porque, ¿eres capaz de beber la copa que estoy a punto de beber?" La copa de la que habló Jesús era un símbolo de sufrimiento, que acababa de describir en los versículos 18 y 19. "Beber la copa" significaba beber la medida completa, sin dejar nada. La expresión también implica resistencia hasta el final, sea cual sea el costo. Esta fue la manera en que Jesús dijo que la manera de honrar no es a través de posiciones de influencia sino a través del sufrimiento en el servicio. El que tiene el mayor honor en el reino es el que soporta el mayor sufrimiento en la tierra.

C. La ira de los discípulos (Mateo 20:24)

Aunque la respuesta airada de los diez discípulos parece justa en la superficie, claramente su enojo no es de justicia. Los otros discípulos estaban enojados porque estaban resentidos con los dos que pidieron favor antes de tener la oportunidad de pedirlo. Además, esta no es la primera vez que los discípulos se han involucrado en una discusión acerca de quién sería el más grande. Marcos 9:33-34 registra que en el camino de Cesarea de Filipo a Capernaum ellos habían discutido cuál de ellos era el más grande. Lucas 22:24 registra que, en la víspera de la Última Cena, estalló una disputa entre ellos en cuanto a cuál era el más grande. Todos los discípulos compartían la culpa del egoísmo: querían prominencia, poder, prestigio y control.

D. Respuestas del Salvador (Mateo 20:25-28)

Jesús usa a los gentiles como ilustración. La frase "lord it over" (*katakuri euro*) lleva la idea de reprimir a la gente. En esa época, prácticamente todos los gobiernos utilizaban una forma de dictadura para alcanzar la grandeza a través del poder y el control. Pedro advirtió a los líderes cristianos en contra de "dominar" a los que están a su cargo (1 Pedro 5:3). La frase "los grandes hombres ejercen autoridad sobre ellos" describe a aquellos que buscan el control por influencia personal. Aquellos que "se enseñorean" de ellos en el versículo 25a usan el poder y la posición. El versículo 25b muestra a alguien que busca el control por popularidad y personalidad. Usan la adulación, el encanto y el atractivo para manipular a otros para que sirvan a sus propios propósitos egoístas.

El camino del mundo promueve el principio de la pirámide: el prestigio y el poder de una gran persona construida encima de los muchos que hay debajo de él. En sus enseñanzas, Jesús pone al revés el concepto de grandeza del mundo. Las maneras en que el mundo se sirve a sí mismo, se promueve a sí mismo y se glorifica a sí mismo son la antítesis de la grandeza espiritual. Jesús dice que el camino del mundo no es estar entre ustedes (v. 20:26). Impresiona a sus seguidores que el más grande es el que sirve; el que quiere ser el primero debe ser un *esclavo*. La palabra siervo es *diakonos* de donde obtenemos nuestra palabra, *diácono* y *ministro*. La palabra *esclavo* es *doulos*. Un esclavo no se pertenecía a sí mismo sino a su amo. La marca más segura de un verdadero siervo es la voluntad de sacrificarse por los demás en nombre de Cristo. El costo de la verdadera grandeza es el servicio sacrificial, y Jesús es nuestro último ejemplo.

Desafortunadamente, la iglesia a menudo está plagada de líderes egoístas que captan la fascinación de las personas que están dispuestas a seguirlos.

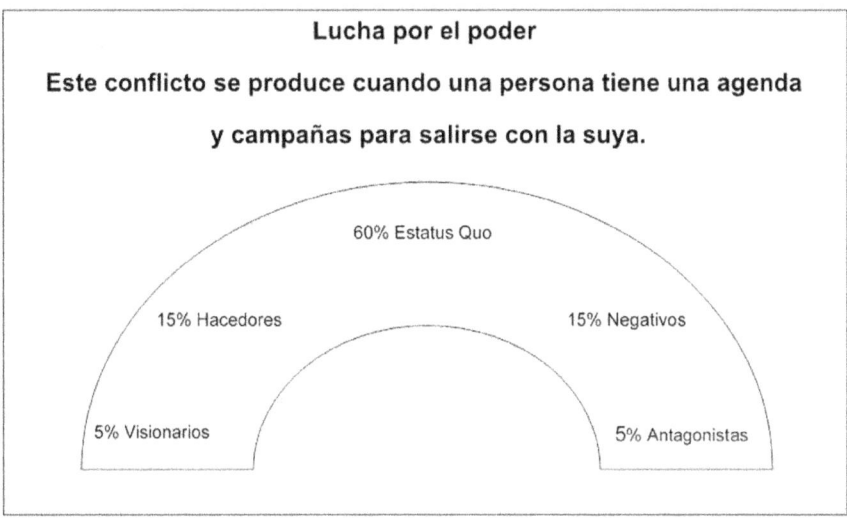

En cada iglesia, usted tendrá visionarios, hacedores, status quo, negativos y antagonistas. Los visionarios y hacedores tienen una agenda que usualmente promueve a la iglesia; los negativos lloriquean y se quejan, pero la agenda de los antagonistas busca destruir al pastor y/o a la iglesia.

Antagonistas (De Kenneth Haughk-*Antagonistas en la Iglesia*)

Antagonistas moderados - Estas personas buscan estar involucradas en un conflicto o en los "Qué está pasando".

Antagonistas Principales - Esta gente se niega a ser razonada. Sus demandas no pueden ser satisfechas. Son deshonestos y tienen un deseo de poder.

Antagonistas Brutales - Son psicóticos. Causan continuamente conflictos. Con ellos no se puede razonar.[2]

> **Los Asesinos del Clero**
> 1. Estas personas son destructivas y tóxicas. Envenenan casi todo lo que tocan.
> 2. Esta gente está decidida. No están interesados en una solución. Su objetivo es destruir.
> 3. Esta gente es engañosa. Trabajan difundiendo mentiras, insinuaciones, chismes, rumores y cuentos exagerados.
> 4. Esta gente está en negación. No pueden ver sus propios problemas. Siempre es culpa de alguien más.
> 5. Esta gente es demoníaca. Son diabólicos. La crueldad, la deshonestidad, el odio, la destrucción y la disensión son su patrón.
>
> El porcentaje de pastores reportados que han sido expulsados de una iglesia debido a 5 o menos personas de la iglesia es 23%.[3]

Sugerencias

Posibles soluciones ante un problema de Control/Poder

1. Reconozca a los agentes del poder. Un pastor en el proceso de entrevistar y aceptar un llamado a una iglesia debe identificar a los que ejercen el poder. Algunos agentes de poder son buenas personas, pero el pastor debe construir una relación con ellos. Los agentes del poder que son antagonistas son difíciles y pueden ser destructivos. Un pastor que descuida y trata de pasar por alto a los agentes de poder se encontrará en un ministerio difícil. Algunos pastores son llamados a una iglesia para romper el control de los poderosos y recordar a la congregación que la iglesia pertenece a Dios.
2. Reconocer el poder de la relación. Se ha dicho que a la gente no le importa cuánto sabes hasta que ven cuánto te importa. Generalmente, las iglesias seguirán a un pastor si el pastor ha trabajado y construido buenas relaciones. Cuanto más pequeña es la iglesia, más crítico es formar y mantener buenas relaciones con los agentes de poder.
3. Responder de una manera bíblica. No caigas en la trampa de hacer que todos los agentes de poder sean "el diablo" y demonizar a todos los que están en tu contra. Sigue Mateo 18, y ve a comunicarte con aquellos que difieren contigo.

A. Comunicar el perdón. Busca el perdón de aquellos a los que ofendiste. Perdona a los que te ofendieron. Predica el perdón a tu congregación.
B. Crear confianza. Una vez que la confianza y el respeto se rompen o se pierden, será necesario un esfuerzo deliberado para restablecerlos. También lleva tiempo.

C. Considera la posibilidad de dimitir:
   1. cuando cuestionas tu efectividad como pastor/líder en esta iglesia (un asunto que cualquier ministro enfrentará en algún momento de su ministerio)
   2. cuando la estadía es un riesgo para su salud física, emocional o espiritual.
   3. cuando la mayoría está en tu contra.
   4. cuando hayas cometido una ofensa bíblica como un fracaso moral o una violación doctrinal.
   5. cuando tu esposa o amigos seguros de sí mismos oran contigo y te piden que consideres la posibilidad de renunciar.
   6. cuando Dios abre otro ministerio o claramente revela que renunciar es lo mejor que debes hacer.
D. Considera confrontar a los agentes del poder. A menudo, un pastor renuncia y se va prematuramente. Esto a menudo puede ser en contra de la voluntad de Dios.
   1. Confrontar al agente de poder de una manera bíblica como lo describe Mateo 18.
   2. Considera que Dios te tiene en esta posición para redirigir a la iglesia de regreso a su misión y propósito. Las palabras de Mardoqueo a la Reina Ester son Ester 4:14,

"Porque si absolutamente callares en este tiempo, respiro y libertación tendrán los Judíos de otra parte; mas tú y la casa de tu padre pereceréis. ¿Y quién sabe si para esta hora te han hecho llegar al reino?"

E. En conflicto, pregúntate si el asunto es bíblico
F. Responde de una manera bíblica.
G. Comprende los problemas de control.
   1. Satanás usa los problemas de poder y control como una tentación para hacer que la iglesia pierda el enfoque.
   2. Dios debe gobernar la iglesia, no el hombre.
   3. Los miembros influyentes de la iglesia tienen autoridad y confianza porque se la han ganado. Los pastores necesitan ganar confianza.
   4. En una iglesia típica, al pastor se le concede el privilegio de liderazgo temporal debido a su posición. Después de la etapa de la luna de miel, tomará tiempo ganar liderazgo a largo plazo.
   5. Las decisiones dentro de la iglesia se toman mejor a través de consideraciones de oración, ya que la iglesia busca el liderazgo de Dios y no a través de la dependencia de la sabiduría, preferencias u opiniones de la humanidad.
H. Neutraliza los problemas de poder y control
   1. Se un líder servidor
   2. Aprende a compartir el ministerio con líderes voluntarios en la iglesia.

3. Enfócate en lo que Dios puede hacer a través de la iglesia y no en construir tu propia reputación o currículum.
4. Acepta el hecho de que algunas personas siempre se resistirán a tus intentos de liderazgo y que tendrás que tratar con ellos con amor.
5. Ora por la guía y el poder de Dios.

Actividad de Aprendizaje

1. Divídanse en grupos pequeños y compartan cómo han tratado a los poseedores del poder.

2. Reúnete en un grupo grande, y enumeren en la pizarra las maneras de tratar con los que ejercen el poder.

Resumen de la Sección 2

La lectura de la Sección 2 puede haber enfermado el corazón de algunos lectores. Cualquiera que haya pasado por un conflicto en la iglesia está familiarizado con la terrible agitación de las emociones cuando los cristianos se enfrentan unos con otros. Es asqueroso ver a miembros de la iglesia que alguna vez fueron muy respetados participar en calumnias, enojo, amargura, chismes, rebelión y orgullo. Algunos tratarán de excusar la cólera como una "posición de principio", mientras que otros disfrazarán la calumnia y el chismorreo como una "búsqueda de la verdad".

El conflicto no sólo perjudica a los individuos sino que también divide a las familias, divide a las congregaciones de la iglesia e impacta las misiones, los ministerios y el apoyo a una denominación. Lo más importante es que el testimonio evangélico a una comunidad perdida también sufre.

El conflicto es a menudo una guerra en la que sólo el diablo gana. Jesús nos advierte en Mateo 12:25 que cuando nuestra casa esté dividida, "no permanecerá".[1]

El primer conflicto ocurrió en el Cielo. Satanás era conocido como Lucifer o *Hillel Ben Shahar* en el idioma hebreo. El nombre *Hillel* vino de la palabra raíz, *Hallel*, que significa alabar, adorar o adorar. Ben Shahar significa: "*Hijo del amanecer*". Lucifer era el líder principal de adoración en el Cielo. Tenía dones de liderazgo y creatividad en la música. Alimentado por los celos y la ambición, llevó a un tercio de los ángeles a rebelarse contra Dios (Isaías 14:12-14, Apocalipsis 12, Mateo 25:41). Satanás significa "uno que se opone" o "adversario". Satanás se opondrá a cualquier sanación y reconciliación en un conflicto. La palabra diablo significa "calumnia". Calumniar significa más que "hablar mal de los demás". Literalmente, significa "uno que se pone a sí mismo o algo entre dos para dividirlos". Desde su rebelión en el Cielo, la meta de Satanás ha sido dividir - dividir amistades, matrimonios, iglesias y naciones.[2]

En un conflicto hay normalmente cuatro grupos.

Grupo Uno

El grupo uno está formado por personas que inician un conflicto porque tienen problemas personales no resueltos. A menudo, estas personas manifiestan sus conflictos internos hacia el pastor, el personal o en la dirección de la iglesia. Quieren un cambio en la iglesia. Son personas infelices.

Grupo Dos

El grupo dos se compone generalmente de partidarios del pastor actual, del personal y de la dirección de la iglesia. Son fieles en dar y asistir.

Grupo Tres

Los del grupo tres son los que están atrapados en el medio y tienen amigos en ambos lados de las cuestiones. Escuchan calumnias y chismes en ambas direcciones. A veces no están "al tanto" y están muy confundidos en cuanto a por qué existe el conflicto. A menudo, este grupo simplemente abandonará y dejará de asistir a la iglesia.

Grupo Cuatro

El grupo cuatro consiste de los miembros de la familia de los líderes de la iglesia. Estos son esposos e hijos inocentes que son heridos por el hecho de que uno de sus seres queridos está en conflicto. Escuchan toda la charla y sienten todos los ataques, pero no pueden hacer nada. Después de un conflicto, las esposas pueden suplicar a sus maridos que busquen otra carrera, y algunas esposas pueden experimentar un deterioro de la salud. El conflicto puede incluso poner una dificultad en el matrimonio. A menudo el recuerdo de un conflicto eclesial se incuba mucho tiempo en los niños, y muchos se alejan de la iglesia o de su denominación cuando salen de casa.

El juicio que Jesús pronunció en Mateo 18:6 bien puede aplicarse a estos miembros inocentes de la familia. "Pero el que ofendiere a uno de estos pequeños que creen en mí, mejor le fuera que le colgaran una piedra de molino en el cuello, y que se ahogara en el fondo del mar."

Un estudioso serio de los conflictos eclesiásticos debe comprender las causas de los conflictos, pero nunca debe olvidar las palabras de Pablo en Efesios 6:12, "Porque no luchamos contra sangre y carne, sino contra principados, contra potestades, contra los gobernantes de las tinieblas de este mundo, contra la maldad espiritual en las alturas".

Mike Smith

Historia de un Nieto

(Todo lo que Puedas Comer o Nada)

William, nuestro primer nieto, nos visitaba cuando vivíamos a sólo cinco minutos del estadio de los Texas Rangers. William había oído a sus amigos de la escuela hablar de la sección "todo lo que puedas comer" en el estadio, así que nos preguntó si podíamos ir a un partido de los Rangers y sentarnos en esa sección especial..

Le dije que podíamos acercar los asientos y que mientras estuviera conmigo, podía comer todo lo que quisiera. William dijo que prefería sentarse en la sección "todo lo que puedas comer". Su padre trató de explicarle que dondequiera que se sentara, si estaba con Paw Paw Paw, podía tener todo lo que quisiera comer. No estaba convencido. Terminamos sentados en la sección "todo lo que puedas comer" Disfrutamos del juego y William disfrutó de cinco perritos calientes, dos sándwiches de pollo y tres Coca-Colas grandes. Probablemente me ahorró dinero después de todo. Will es como muchas personas que he conocido en conflictos. Están decididos y no pueden ser cambiados.

Sección 3
Posibilidades

Introducción

Una persona que sólo ve el conflicto en forma negativa extrañará ver lo que Dios puede hacer. Cada conflicto presenta múltiples posibilidades. En esta última sección se presentarán tres reacciones o sugerencias prácticas para responder a los conflictos.

1. Educación.

La educación adopta un enfoque proactivo. Cuanto más informadas están las personas, menos aprensivas son. La educación es parte de la responsabilidad de la iglesia de hacer discípulos. Los líderes de la iglesia necesitan educar a sus miembros sobre cómo relacionarse con Dios y cómo relacionarse unos con otros. En Mateo 22:37-40, Jesús dijo,
"Amarás al Señor tu Dios de todo tu corazón, y de toda tu alma, y de toda tu mente. Este es el primero y el grande mandamiento. Y el segundo es semejante á éste: Amarás á tu prójimo como á ti mismo. De estos dos mandamientos depende toda la ley y los profetas."

2. Mediación.

La mediación, una posible solución al conflicto, es parte del principio de Mateo 18. La mediación requiere un mediador experto y experimentado que pueda dar esperanza a situaciones difíciles. Pablo nos recuerda en 2 Corintios 5:18,
"Y todo esto es de Dios, el cual nos reconcilió á sí por Cristo; y nos dió el mensaje de la reconciliación;"

3. Restauración.

Mientras que los conflictos perjudican a los ministros y a los miembros de las iglesias, la restauración es un proceso de sanación. La iglesia a menudo descuida a estos creyentes heridos y muchos se convierten en una estadística en la lista de iglesias inactivas. Se puede hacer mucho más en el área de la restauración para recuperar y restaurar a estos santos. Gálatas 6:1 se aplica a muchas situaciones.[1]

> *"HERMANOS, si alguno fuere tomado en alguna falta, vosotros que sois espirituales, restaurad al tal con el espíritu de mansedumbre; considerándote á ti mismo, porque tú no seas también tentado."*

> *Hosea 6:1 says, "VENID y volvámonos á Jehová: que él arrebató, y nos curará; hirió, y nos vendará."*

CAPÍTULO 1

Educación

Los líderes de la Iglesia tienen la responsabilidad de equipar a su pueblo a través de la educación. Este proceso de equipamiento no sólo debe tener un ejemplo de cómo compartir el evangelio, sino que también debe incluir un ejemplo de cómo responder y manejar los conflictos de una manera bíblica.

I. Maneras Bíblicas de Enfrentar el conflicto

A. Actitud:

Alguien dijo: "Una mala actitud es como un neumático pinchado. No puedes ir a ninguna parte hasta que lo cambies". El pueblo de Dios necesita ser educado acerca de cómo mantener una actitud apropiada hacia el conflicto. El ABC de una actitud apropiada hacia el conflicto es:

1. **Admite** el conflicto existe.

Algunos quieren abordar el conflicto como el proverbial avestruz con la cabeza en la arena. Esta actitud no es buena y puede retrasar lo inevitable. La Biblia contiene por lo menos 133 ejemplos de conflictos. Obviamente, la Biblia admite que el conflicto existe y nosotros también deberíamos.

2. **Confía** que los conflictos pueden ser saludables y no siempre son insalubres.

3. **Comunícate** -- Mateo 18:15-17 dice que hay que tratar el conflicto de la siguiente manera:

> "Por tanto, si tu hermano pecare contra ti, ve, y redargúyele entre ti y él solo: si te oyere, has ganado á tu hermano. Mas si no te oyere, toma aún contigo uno ó dos, para que en boca de dos ó de tres testigos conste toda palabra. Y si no oyere á ellos, dilo á la iglesia: y si no oyere á la iglesia, tenle por étnico y publicano."

El conflicto se resuelve mejor cuando participan el menor número posible de personas. Mateo 18:15-17 demuestra el plan de manejo de conflictos de Jesús, y se resume a continuación.[1]

a. **Ve de forma privada** y confronta -- Toma la iniciativa, ya sea que tu hayas hecho daño a alguien o que ellos te hayan hecho daño a ti. No cotillees. Ve en privado al individuo.

b. **Ve pronto**. Cuanto más esperas, más tiempo tiene Satanás para causar confusión.

c. **Ve en oración**. Santiago 1:5 dice,

"Y si alguno de vosotros tiene falta de sabiduría, demándela á Dios, el cual da á todos abundantemente, y no zahiere; y le será dada."

El conflicto es una batalla espiritual que debe ser abordada después de mucha oración de búsqueda de sabiduría.

d. **Ve persistentemente**. Si el conflicto no puede resolverse en privado, lleve a alguien con usted o busque el servicio de un mediador. Mateo 18:16 dice,

"Mas si no te oyere, toma aún contigo uno ó dos, para que en boca de dos ó de tres testigos conste toda palabra."

e. **Ve con** propósito (disciplina eclesiástica). Si el conflicto no puede resolverse de otra manera, Jesús instruye: "Díselo a la iglesia", Mateo 18:17 (KJV). Esto debe hacerse de una manera que sea consistente con la intención de Mateo 18. El propósito de la disciplina de la iglesia es guiar al arrepentimiento y a la restauración. [2]

B. Acciones a tomar en el conflicto

1. **Que hacer cuando te sientas ofendido**
   a. Toma la iniciativa. Mateo 18:15
   b. Pregúntate: "¿Hice algo para contribuir a este mal?"
   c. Aprende a pasar por alto y a no ofenderse tan fácilmente.[3]
   d. Oren antes de confrontar.
   e. Confronta en privado con humildad. "¿He hecho algo que te ha hecho enfadar conmigo?" "¿Puedes ayudarme a entender por qué dijiste...?"
   f. Escuchen. "Busca entender su punto de vista antes de buscar ser comprendido." El Dr. John Drakeford, un profesor mío en estado de seminario, en su libro titulado The Awesome Power of the Listening Ear (El asombroso poder del oído que escucha), dice que las emociones altas durante el conflicto pueden ser rebajadas por el poder de escuchar atentamente el punto de vista de la otra parte.[4]

g. Perdonar. La palabra griega aphiemi traducida es "perdonar", que significa dejar ir, liberar o cancelar una deuda. El perdón no es un sentimiento, sino una decisión y una acción de la voluntad.5

2. **Que hacer cuando tu eres el ofensor**
   a. Pónte bien con Dios. Salmo 41:1-4
   b. Confiesate a Dios. Juan 1:9
   c. Arrepiéntete. 2 Corintios 7:9-10
   d. Diríjete a todas las personas a las que ofendiste.
   e. Discúlpate. "Lo siento. ¿Me perdonarás?"
   f. Hacer restitución hacia aquellos a los que lastimas. Hay que confesar las mentiras, pero hay que repudiar los chismes y las calumnias.
   g. Modifica tu comportamiento y acepta el perdón de Dios.6

3. **Que hacer cuando observas una ofensa**
   a. Seguir a Gálatas 6:1 y Santiago 5: 19-20.

"HERMANOS, si alguno fuere tomado en alguna falta, vosotros que sois espirituales, restaurad al tal con el espíritu de mansedumbre; considerándote á ti mismo, porque tú no seas también tentado."

Santiago 5:19-20 dice,

"Hermanos, si alguno de entre vosotros ha errado de la verdad, y alguno le convirtiere; Sepa que el que hubiere hecho convertir al pecador del error de su camino, salvará un alma de muerte, y cubrirá multitud de pecados."

   b. Examina tu propia condición espiritual.
   c. Reza.
   d. Házte estas preguntas antes de confrontar a alguien.
      1) ¿Está el tema deshonrando a Dios? Romanos 1:23-24
      2) ¿Es este problema perjudicial para una relación? 2 Timoteo 4:2-4 y Mateo 18:14.
      3) ¿Está el problema perjudicando a la persona ofendida? Proverbios 24:11-12
   e. Encuéntrate cara a cara en el espíritu de humildad utilizando afirmaciones tales como "Reconozco que estoy muy lejos de ser perfecto, y no estoy aquí para condenarte, pero me importa..."
   f. Enfrenta el problema específico del pecado. Habla la verdad en amor, Efesios 4:15. Ponte a disposición de perdonar y reconciliarse, Efesios 4:3.

4. **Equipo de Gestión de Conflictos**
   a. Guía a tu iglesia a adoptar un proceso de manejo de conflictos.
   b. Elege un equipo de gestión de conflictos o un grupo de pacificadores. Ya que Hechos 6 parece indicar que la primera necesidad de los diáconos en

la iglesia era resolver un conflicto, este equipo podría consistir de diáconos

c. Entrena a este equipo cualificado.

d. Adopta un proceso de la iglesia y anima a los miembros a seguir este proceso.

5. **Razones para la disciplina en la Iglesia**
   a. Pecados flagrantes y arrogantes (1 Corintios 5:1-13).
   b. Pecados indisciplinados e influencias peligrosas sobre la iglesia (Hechos. 5:1-10)
   c. Chismes (Efesios 4:25)
   d. Cotorreos (Juan 6:43 y 1 Corintios 10:10)
   e. Hablar a espaldas de un líder de la iglesia de una manera negativa (Efesios 4:28-29)
   f. Continuo desapoyo para el liderazgo de la iglesia (Efesios 4:31)
   g. Abiertamente fuera de comunión con la iglesia, con Dios o con un miembro de la iglesia (Efesios 4:26)

6. **Proceso para la disciplina en la Iglesia**
   a. Ir de forma privada y confrontar.
   b. Si no te escuchan, llévate uno o dos para confrontar.
   c. Si todavía no escuchan, vayan a la iglesia.
   d. Si no se arrepienten, retíralos de sus responsabilidades y posiblemente de la membresía de la iglesia. (1 Corintios 5:2-13, Tito 3:10, y 2 Tesalonicenses 3:14-15)
   e. Si se arrepienten, restablece el compañerismo. La meta es que el arrepentimiento y la restauración ocurran.[7]

Actividad de Aprendizaje

1. ¿Cómo crees que se recibiría un grupo de manejo de conflictos capacitado en tu iglesia?

2. ¿Cuáles son algunas de las cosas que estarías dispuesto a hacer o que otros hagan para equipar a tu congregación con el manejo de conflictos?

Historia de un Nieto

(Tonos de Rojo)

Al no entender que algunas declaraciones es mejor no repetirlas, los nietos pueden avergonzarte a veces diciendo lo que han oído decir a otros. Tal era el caso entre un abuelo y su nieto. Después de un servicio de adoración, el niño pequeño le dio al predicador un billete de dólar. El predicador le preguntó: "¿Por qué no pusiste el dólar en el plato de las ofrendas cuando se pasó?"

El niño respondió: "Quería asegurarme de que la recibieras porque mi abuelo decía que eras el predicador más pobre que había oído".

CAPÍTULO 2

Mediación

Las tareas del mediador son las siguientes:
1. Facilitar un proceso y no actuar como juez.
2. Ayudar a ambas partes a centrarse en los temas.
3. Insistir en que las partes se dirijan unas a otras y recordarles que no miren ni hablen con el mediador.
4. Establecer líneas claras de comunicación.
5. Priorizar los valores con ambas partes.
6. Resistirse a reaccionar exageradamente y ayudar a las partes a resistirse a reaccionar exageradamente.
7. Se justo con ambas partes y manten la puerta abierta para futuras reuniones si es necesario.

I. Mediación

A. *Definición:*

La mediación es el arte de escuchar y negociar. La mediación de terceros es un proceso que proporciona estructura y direcciones específicas a través de las cuales la iglesia, grupos o individuos resuelven sus problemas. Ambas partes deben estar dispuestas a reunirse y comprometerse con el proceso. Un mediador entrenado, hábil y lleno de espíritu puede evitar que muchos conflictos se conviertan en una situación sin salida. La mediación puede ser beneficiosa en lo siguiente:
- Conflictos entre miembros
- Conflictos entre miembros y pastores
- Conflictos entre el personal y los pastores
- Conflictos entre el personal
- Reuniones de negocios [1]

B. Descriciones de la Biblia

1. Mateo 18:15-17

"Por tanto, si tu hermano pecare contra ti, ve, y redargúyele entre ti y él solo: si te oyere, has ganado á tu hermano. Mas si no te oyere, toma aún contigo uno ó dos, para que en boca de dos ó de tres testigos conste toda palabra. Y si no oyere á ellos, dilo á la iglesia: y si no oyere á la iglesia, tenle por étnico y publicano."

Jesús comanda la mediación de terceros en la resolución de conflictos.

2. Hechos 6:1-8

"EN aquellos días, creciendo el número de los discípulos, hubo murmuración de los Griegos contra los Hebreos, de que sus viudas eran menospreciadas en el ministerio cotidiano. Así que, los doce convocaron la multitud de los discípulos, y dijeron: No es justo que nosotros dejemos la palabra de Dios, y sirvamos á las mesas. Buscad pues, hermanos, siete varones de vosotros de buen testimonio, llenos de Espíritu Santo y de sabiduría, los cuales pongamos en esta obra. Y nosotros persistiremos en la oración, y en el ministerio de la palabra. Y plugo el parecer á toda la multitud; y eligieron á Esteban, varón lleno de fe y de Espíritu Santo, y á Felipe, y á Próchoro, y á Nicanor, y á Timón, y á Parmenas, y á Nicolás, prosélito de Antioquía: A estos presentaron delante de los apóstoles, los cuales orando les pusieron las manos encima. Y crecía la palabra del Señor, y el número de los discípulos se multiplicaba mucho en Jerusalem: también una gran multitud de los sacerdotes obedecía á la fe. Empero Esteban, lleno de gracia y de potencia, hacía prodigios y milagros grandes en el pueblo."

Los líderes de la iglesia primitiva sirvieron como mediadores de terceros.

3. Hechos 15:1-35. Cada vez que la iglesia mediaba en un conflicto y experimentaba una resolución, la iglesia crecía.

C. Descripción de un Mediador

1. Una persona espiritual

Un mediador no debe aparecer como un "Rambo" -un tipo duro que se abre paso- sino como alguien que conoce a Dios y está en comunión con Él.

2. Una persona confiable

Un mediador debe reflejar las medidas de confianza.

Medidas de Confianza
- a. Flexible— se puede ajustar a varios estilos de gestión de conflictos
- b. Justo— capaz de ver que todos tienen la oportunidad de ser escuchados y de ver todos los lados de un asunto
- c. Firme— se niega a ser manipulado
- d. Enfocado— mirando constantemente el problema real y no convirtiéndose en algo personal
- e. Lleno de Fé— tiene fe en Dios y en los creyentes para resolver conflictos

3. Un buen comunicador-- Un mediador debe ser una persona orientada a la gente que rápidamente se gana el respeto de los demás.
4. Un facilitador-- Un mediador debe tener la habilidad de facilitar un proceso, no de dictarlo. El proceso debe seguir su curso y no ser saboteado.
5. Una persona de recursos-- un mediador debe ser capaz de sugerir recursos para cada problema.
6. Un chivo expiatorio-- Un mediador debe estar dispuesto a absorber el enojo de las partes en conflicto para ayudar a lograr la resolución.
7. Un moderador—Cuando seas votado por la iglesia o facultado por las partes en conflicto, debes estar a cargo. Debes protegerlos de lastimarse unos a otros.[2]

D. Detalles del proceso de mediación *(Ver Puntos de Diagnóstico para el Manejo de Conflictos en el Anexo A).*

1. Entrada
   a. Alguien de la iglesia se pone en contacto contigo para pedirle ayuda.
   b. Escucha las preocupaciones.
   c. Explica el proceso de mediación.
   d. Aclara que no se puede ayudar sin el poder del pastor, de la iglesia y/o de ambas partes en conflicto.
   e. Aclara los términos del contrato de mediación.
   f. Prepara una reunión.
   g. En la reunión, explica de nuevo el proceso y haz que ambas partes firmen el Acuerdo de Mediación.
2. Educación
   a. Planifica un evento de capacitación, como Manejo de Conflictos, con líderes de la iglesia.
   b. Durante todo el evento, se constante en el proceso de educar a las partes sobre el manejo de conflictos.
3. Conocimiento
   a. Solicita registros, materiales, datos demográficos, constitución y todos los demás documentos relevantes.
   b. Posiblemente realiza una encuesta a nivel de toda la iglesia o de liderazgo (ver encuesta, Anexo C).
   c. Lleva a cabo entrevistas individuales y/o grupales en relación con el conflicto.
   d. Analiza la información.
   e. Reporta la información a la parte interesada. Obtén la entrada con la confirmación y la autorización para continuar.
4. Empoderamiento

a. Decide quién necesita mediación y qué tipo de mediación: en toda la iglesia, en la reunión de toda la Iglesia o sólo con las partes involucradas en el conflicto. Mi experiencia sugiere que cuanto más pequeño sea el grupo, más efectivo será el proceso de mediación. Sugiero 2-4 de cada lado. Rara vez una reunión en toda la iglesia y en el ayuntamiento produce buenos resultados.
b. Antes del encuentro
   1) Acordar la hora y el lugar, y firmar el Acuerdo de Mediación.
   2) Arreglar la sala de manera que las partes en conflicto se miren
   3) las unas a las otras.
   4) Ora.
c. Encuentro
   1) Todos se saludan unos a otros.
   2) Todos los presentes están de acuerdo en las reglas básicas.
      a) Permite que solo una persona hable a la vez.
      b) Informar a todos los presentes que cada persona será respetada y tendrá las mismas oportunidades de presentar su punto de vista.
      c) No permitir amenazas y ultimátums.
      d) Diga a todos los presentes que hablar con generalidades no es aceptable. Cada persona debe ser específica con quién dijo qué, no "ellos dijeron". Cada persona debe dar fechas, lugares, etc.
      e) Declarar que cada persona debe estar comprometida con una resolución.
      f) Explicar que el proceso continuará hasta que todas las partes lleguen a un acuerdo de conciliación y lo registren por escrito.
      g) Instruir a cada persona para que se niegue a sí misma y se someta al liderazgo de Cristo.
   3) El mediador lee las Escrituras sobre la unidad y la reconciliación y guía en la oración. (Colosenses 3:12-15; Romanos 12:9-18, Efesios 4:1-6, Filipenses 4:4-9).
   4) Cada parte comparte el problema desde su perspectiva.
   5) La comunicación de ida y vuelta tiene lugar.
   6) Los participantes pueden hacer una lluvia de ideas para encontrar una solución.
   7) El mediador ayuda a las partes a construir acuerdos y compromisos para el futuro. Si es necesario, se fija otra fecha para la reunión.

5. Informes
   a. El mediador informa a la parte con la que ha conseguido entrada.
   b. El mediador da recomendaciones.

6. Los pasos de resolución se implementan con un seguimiento de la mediación cada tres meses durante un año.³

E. Descripción de varios recursos de mediación para ayudar en el proceso.

Los siguientes son varios recursos de mediación que se encuentran en este libro.
1. Acuerdo de Mediación (Ver Anexo A)
2. Encuesta a los miembros de la Iglesia (Ver Anexo C)
3. Mediación de dos partes en conflicto
4. Mediación de conflictos del personal
5. Mediación en una reunión de negocios
6. Mediando usando el enfoque del Evangelio

Dos Partes Conflictuadas

Qué hacer si se le acerca una persona en la iglesia o un pastor que comparte con usted un conflicto que él/ella está experimentando

Antes del Encuentro

1. Pregúntate si Mateo 18 ha sido seguido. Si no, pídeles que sigan Mateo 18 y que regresen a ti si no se llega a una solución.
2. Pídeles que lean y firmen el Acuerdo de Mediación.
3. Pide una habitación con sillas para todas las partes y 90 minutos sin interrupciones.
4. Pídele a Dios que te dé sabiduria.

Durante el Encuentro

1. Todos intercambian saludos
2. El mediador confirma que todos están de acuerdo en las reglas básicas (Acuerdo de Mediación).
3. El mediador lee las Escrituras sobre la unidad y la reconciliación y guía en la oración. Las Escrituras sugeridas son Mateo 22:377-39, Juan 10:10, y 2 Corintios 5:19
4. El mediador explica el proceso.

A. Las siglas que se indican a continuación se utilizarán para llevar a cabo el proceso.

Share (Compartir) Escritura y oración.

Open (Abierto) con declaraciones y reglas.

Listen (Escuchar) a cada parte de la historia.

Verify (Verificar) que se ha dicho.

Explore (Explorar) varias soluciones que lleven a un acuerdo.

B. El mediador compartirá el problema tal como lo ve y dará posibles soluciones. El mediador no es un juez, sino un facilitador del proceso de mediación.

C. Se entablará un diálogo con el fin de llegar a una solución acordada. Se mantendrá un registro escrito firmado por ambas partes.

D. Si no se llega a un acuerdo, el mediador determinará si es necesaria otra reunión o si hay otras soluciones posibles.

Mediando Conflictos del Personal

Qué hacer si un pastor, el Comité de Personal de la iglesia, los diáconos o un miembro del personal se dirigen a usted en relación con un conflicto del personal.

Antes del Encuentro

1. Pregúntale si Mateo 18 ha sido seguido. Si no, pídeles que sigan Mateo 18 y que regresen a ti si no se llega a una solución.
2. Pídales que firmen el Acuerdo del Pacto.
3. Pídeles que lean y firmen el Acuerdo de Mediación
3. Pide una habitación con sillas para todas las partes y 90 minutos sin interrupciones.
4. Organiza las sillas de manera que las partes en conflicto se enfrenten entre sí.
5. Pide copias de la descripción del trabajo, constitución y reglamentos.
6. Pídele a Dios que te dé sabiduría.

Durante el Encuentro

1. Todos intercambian saludos.
2. Las partes acuerdan las reglas básicas (Acuerdo de Mediación).
3. El mediador lee las Escrituras sobre la unidad y la reconciliación y guía en la oración.
4. El mediador explica las tres etapas de esta sesión.
   a. La etapa de la narración.
      1) A cada parte se le dan 10 minutos para hablar.
      2) Cada parte debe contar su historia de manera ininterrumpida.
   b. La etapa de resolución de problemas.
      1) Cada parte dispone de cinco minutos para exponer el problema de forma concisa desde su perspectiva.
      2) Al mediador se le dan 15 minutos para analizar el problema.

c. La etapa del acuerdo.
- 1) El mediador propone el acuerdo en 5 minutos.
- 2) A cada parte se le dan 5 minutos para responder.
- 3) Si se llega a una resolución, se firma un registro escrito del acuerdo. Si no se llega a un acuerdo, el mediador informa a ambas partes que se entregará un informe al pastor o al comité designado. Si es necesaria otra reunión, el mediador se pondrá en contacto con las partes.

Mediaciones

Una Reunión de Negocios

Una Iglesia sin pastor

En ocasiones, una iglesia sin pastor enfrenta un problema y los miembros tienen poca confianza en la persona que sirve como moderador. En estas situaciones, un tercero, un mediador/moderador externo puede ayudar a asegurar la justicia.

Una iglesia donde la posición del pastor es cuestionada o el pastor prefiere no moderar.

Bajo algunas circunstancias, una iglesia puede experimentar una situación donde los miembros cuestionan el liderazgo del pastor actual, o el asunto es de tal naturaleza que el pastor prefiere no servir como moderador. En estas situaciones, un tercero, un mediador/moderador externo puede ayudar a asegurar la imparcialidad.

Un mediador/moderador a quien se le pide que asista a una iglesia bajo estas condiciones debe:

1. ser pedido por la iglesia para moderar por un voto mayoritario.
2. ser sensible ante el problema.
3. ser imparcial y justo con todos los interesados.
4. ser firme en el establecimiento de la autoridad y las normas de conducta.
5. comprometerse a ayudar a la iglesia a alcanzar la unidad.

Reuniones de Trabajo - Reglas de Conducta

Tu puedes estar completamente versado en las Reglas de Orden del procedimiento parlamentario de Robert, pero la experiencia me ha enseñado que la mayoría de la gente no lo está. En un espíritu de justicia y para asegurar que se escuche la voz de la mayoría, se seguirán las siguientes reglas de conducta.

1. Se hace una moción para que _____ actúe como moderador. Alguien secunda. La discusión está permitida. Se toma el voto.

2. Se presenta una moción para que se sigan las reglas de conducta impresas. Alguien secunda. La discusión está permitida. Se toma el voto.
3. Se hace una moción para que se siga la agenda impresa. Alguien secunda. La discusión está permitida. Se toma el voto.

Agenda

Llamar al orden (Moderador)

Tiempo de Oración

Actas de la reunión anterior (Secretario)

Informe del Tesorero (Tesorero)

Informes de la organización

Negocios Antiguos

Nuevos Negocios

Moción para levantar la sesión

Reglas de Conducta

1. Moción secundada.
   - Todo tema de debate debe iniciarse con una moción.
   - Las mociones se hacen levantando la mano.
   - Espera a que el moderador te de la palabra.
   - Póngase de pie y comience diciendo: "Propongo que _____."
   - Espera un segundo a la moción.
   - Cualquiera puede secundar diciendo: "Yo apoyo".
   - Discusión.

En discusión

   - sólo uno a la vez puede hablar.
   - nadie debe hablar, excepto el que habla.
   - no se permiten interupciones.
   - uno hablará *por* la moción.
   - uno hablara *contra* la moción.

Después de que todos hayan tenido tiempo de hablar a favor o en contra de la moción.

2. The el moderador pregunta: "¿Están listos para votar?" El moderador formulará la moción y explicará el método de votación (manos, voz o voto secreto).

3. Los votos son tomados.
4. Los votos son anunciados. (No se permiten respuestas verbales.)
5. El propósito es asegurar que cada voz que desee sea escuchada y que cada uno entienda lo que está votando.

Otros procedimientos parlamentarios de las *Reglas de Orden de Robert* serán permitidos.

Actividad de Aprendizaje

1. Dividanse en grupos y representen una situación de mediación.

2. Hagan que dos partes actúen como partes en conflicto y que una persona actúe como mediador.

Historia de un Nieto

(Expectativas)

Los nietos quieren complacer a sus abuelos. Un día, cuando varios nietos estaban visitando la casa de su abuela, los reunió a todos en un grupo y se preparó para contarles una historia.

"Ahora, niños, quiero contarles una historia sobre alguien que vive en el bosque, pero a veces entra en nuestro patio. ¿De que se trata?"

Los nietos estaban en silencio. "Bien," dijo la abuela, "esta criatura tiene una cola espesa y le gusta comer nueces. Ahora, ¿qué crees que es?"

Silencio de nuevo. La abuela dijo: "Déjame intentarlo una vez más. Esta criatura vive en el bosque, tiene una cola espesa, come nueces y trepa a los árboles. Ahora, ¿qué crees que es?"

El nieto mayor dijo: "Sé que la respuesta que quieres es Jesús, pero a mí me parece una ardilla".

CAPÍTULO 3

Restauración

Restoration

Definition

La restauración es un ministerio que da cuidado a alguien que está herido, herido, quebrantado, despreciado, caído, y/o abandonado. El ministerio de restauración varía en su enfoque, método, contribución y tiempo. El objetivo es devolver a la persona a una relación correcta con los afectados y devolverle un servicio útil. La restauración es necesaria después de un conflicto, tanto para la iglesia en su conjunto como para los individuos que han experimentado el conflicto. La restauración es un proceso saludable que lleva tiempo.

Descripción de la Biblia:

"Hermanos, si alguno es sorprendido en alguna transgresión, vosotros que sois espirituales, restauradlo en espíritu de mansedumbre, considerándoos a vosotros mismos para que no seáis tentados. Sobrellevad las cargas de los demás, y cumplid así la ley de Cristo". (NKJV).

Detalle del proceso:

La restauración, por su propia naturaleza, no puede ser programática sino personal. El objetivo es proporcionar los siguientes recursos:
1. Grupos de Apoyo
   a. Establecer grupos de apoyo tanto para los ministros como para sus esposas.
   b. Asegurar que estos grupos estén compuestos de aquellos que han sido lastimados o terminados por su iglesia.

2. Suministrar los siguientes recursos a las iglesias.
   a. Asistencia financiera a los ministros despedidos
   b. Grupo de responsabilidad para ayudar a restaurar a un hermano
   c. Asesoramiento profesional
   d. Lista de recursos disponibles de la Asociación, Convención Estatal y Recursos para la Vida, guía discipular, así como de organizaciones comunitarias y paraeclesiásticas
   e. Asistencia en el desarrollo del currículum vitae y en la localización de puestos disponibles para el personal de la iglesia
   f. Casa Bernabé para alojamiento, comida y trabajo gratis hasta que se cure.

El Ministerio Bernabé [1]

Misión

El ministerio de Bernabé se basa en la persona bíblica de Bernabé, cuyo nombre, según Hechos 4:36-37, significa *animador*. El Ministerio Bernabé es un ministerio integral y evolutivo dedicado a proveer aliento y restauración completa a los ministros que han sido lastimados.

Metodología

El Ministerio Bernabé busca la restauración completa para un ministro herido a través de una iglesia de apoyo, empleo, vivienda, grupo de responsabilidad, consejería, llamando a la iglesia y un acuerdo de pacto.

Iglesia Bernabé de Apoyo

Una iglesia Bernabé de apoyo proveerá ánimo a un ministro herido y a su familia proveyendo:
1. Un lugar para pertenecer -- Cuando un ministro y su familia han sido lastimados, es importante que puedan mudarse a una congregación que los ame y los ayude a pertenecer. La iglesia en su totalidad será animada a amar a la familia del ministro herido, pero un grupo selecto será entrenado en la administración de actos de amor.
2. Un lugar para curarse -- Cuando alguien ha sido herido, él o ella necesita tiempo para sanar. La curación toma varias formas y requiere varias duraciones de tiempo.
3. Un lugar para ir y crecer -- La principal preocupación de aquellos que han experimentado la caída es, "¿A dónde iremos?" Una necesidad primaria de

aquellos que han experimentado la culminación es comenzar un proceso de crecimiento espiritual que culmine en la restauración completa.

Casa Bernabé

El empleo tendrá dos vertientes.
1. Empleo laico -- El ministro herido será asistido para obtener un empleo secular durante 20-50 horas.
2. Empleo del personal de la Iglesia -- El ministro será llamado a formar parte del personal de una iglesia y/o asociación por 10-30 horas a la semana. Este trabajo estará en línea con sus dones y su llamado. Se le puede pedir que comience una nueva clase de escuela dominical, que inspeccione un nuevo desarrollo de propiedad, que archive música coral u otras actividades similares.

Grupo de Responsabilidad Bernabé

El grupo de responsabilidad funcionará como mentores que caminarán con el ministro herido y su familia de principio a fin de este ministerio. Se reunirán con él y su familia por lo menos una vez a la semana y se convertirán en los abogados del ministro herido en caso de que surjan problemas.

Consejería Bernabé

Se proporcionará asesoramiento profesional al ministro y a su familia en un horario aprobado con el grupo de rendición de cuentas.

Llamando a la Iglesia Bernabé

La iglesia es el siguiente lugar de servicio para el ministro. Será informado por el grupo de rendición de cuentas. Después de que el ministro ha sido llamado a la iglesia, el grupo de responsabilidad ofrecerá trabajar con el ministro hasta por 18 meses.

Tratado Bernabé

La _____ Iglesia Bautista y _____ Asociación de iglesias, desean animar a los ministros y a sus familias que han sufrido heridas tales como el despido forzado. Esto se logra mejor cuando todas las partes tienen un claro entendimiento del siguiente **Acuerdo del Tratado**.

Condiciones Generales

1. El ministro o la ministra deberá haber sido un pastor o un miembro del personal ministerial.
2. El ministro o la ministra deberá haber sido referido a la iglesia o al líder de la iglesia.
3. La iglesia del ministro puede terminar este Acuerdo del Pacto en cualquier momento, pero debe permitirle al ministro 30 días para desalojar la propiedad mediante notificación por escrito.

Compromiso del Ministro

1. The El ministro debe revelar cualquier acción legal actual o anticipada, criminal o civil, y las causas de despido que le conciernan a él o a su familia.
2. El ministro debe dar permiso por escrito para que se realice una revisión completa de sus antecedentes personales y de los de cualquier miembro de su familia.
3. La duración del acuerdo será como máximo de un año.
4. El ministro contribuirá por lo menos con un diezmo (10%) de los ingresos de su familia a la iglesia de apoyo, así como también estará activo en el ministerio de la iglesia.
5. El ministro cooperará plenamente con el grupo de rendición de cuentas de Bernabé.

Compromiso de la Iglesia/Asociación

1. Amar, animar, orar y afirmar al ministro y a la familia.
2. Proveer cuidado pastoral para el ministro y la familia.
3. Proveer la Casa Bernabé, consejería, empleo y grupo de responsabilidad.

El Acuerdo del Pacto ha sido concertado voluntariamente por
_____ Iglesia Bautista,
_____ Asociación Bautista y
_____, Ministro del evangelio, como lo atestiguan sus firmas a continuación.

_____	_____
Ministro herido	Fecha
_____	_____
Secretario de la Iglesia o Pastor	Fecha
_____	_____
Moderador o Director de la Asociación	Fecha

Actividad de Aprendizaje

Enumera las maneras en que piensas que tu iglesia podría ministrar a otro líder de la iglesia a fin de lograr la restauración.

Resumen de la Sección 3

1. Educación:

El manejo de conflictos es un proceso de educación continua. Un estudiante serio de gestión de conflictos leerá continuamente sobre el tema y asistirá a tantos seminarios sobre conflictos como sea posible. Encuentra a tus compañeros y aprende los unos de los otros.

2. Mediación:

La mediación es un proceso que se desarrolla a través de años de experiencia. Una persona abierta al ministerio de mediación debe desarrollar un proceso y utilizarlo en la medida de lo posible, aprendiendo y mejorando como mediador cada vez.

3. Restauración:

Hay numerosos ministros heridos, esposas de ministros, hijos y miembros de la iglesia. Algunos han tomado la decisión de no volver a asistir a la iglesia. Estos héroes heridos de la fe necesitan ser restaurados al servicio activo.

Quiero animar a los pastores, diáconos y líderes de la iglesia a que se equipen para que puedan ayudar a los que sufren. Esto puede hacerse aprendiendo los Principios del Conflicto, entendiendo qué causa el conflicto, estudiando las diez razones principales del conflicto y preparándose para ayudar a resolverlo.

Principios del Conflicto

1. Desarrolla una definición de conflicto.

2. Desarrolla una comprensión del conflicto mediante el estudio de las verdades básicas sobre el conflicto.
3. Se capaz de identificar signos de conflicto.
4. Comprende los niveles estructurales del conflicto.
5. Familiarizate con varios estilos de personalidad.

Entendiendo las Causas del Conflicto

1. Estudia las diez causas principales de los conflictos.
2. Estudia cómo evitar el conflicto.
3. Estudia cómo lograr la resolución.

Prepárate para Resolver un Conflicto

1. Se un estudiante de manejo de conflictos
2. Sirve como mediador de conflictos
3. Comparte la gracia y ayuda a los que han sido heridos por el conflicto

Conclusión

Los conflictos existen en las iglesias y deben ser tomados en serio. Las iglesias deben equipar a sus miembros en el manejo de conflictos. Esto puede lograrse mediante la enseñanza, la predicación, la celebración de seminarios y la realización de sesiones especiales de capacitación.

Proverbios 27:23 dice, "Considera atentamente el aspecto de tus ovejas, Pon tu corazón á tus rebaños;" (KJVB).

Actividad de Aprendizaje

¿Qué es lo que has leído en este libro que crees que puedes rescatar y usar en tu vida y ministerio?

Anexo A

Acuerdo de Mediación

Nosotros, las partes abajo firmantes, estamos actualmente involucradas en un conflicto entre ellas, y por la presente nos sometemos al proceso de mediación con un mediador acordado. Estamos de acuerdo en seguir las reglas básicas descritas en este acuerdo.

1. Estoy de acuerdo en que sólo una persona hablará a la vez.
2. Respetaré y daré a la otra parte igualdad de oportunidades, buscando entender antes de ser entendido.
3. No usaré amenazas ni ultimátums.
4. No hablaré con generalidades como, "dijeron", sino que usaré detalles específicos, dando nombres, fechas y lugares a mi leal saber y entender.
5. Acepto eximir al mediador de toda responsabilidad por mis observaciones, sugerencias o implicaciones que dicho mediador pueda hacer en el curso de la mediación.
6. Renuncio a cualquier derecho de acción que pueda tener contra el mediador por cualquier acusación de conducta ilícita o por parte de dicho mediador mientras actúa en el curso de la mediación aquí acordada.
7. Acepto que la mediación es confidencial y no llamaré a los mediadores para que sirvan como testigos de mi caso.
8. Estaré comprometido con la reconciliación.
9. El proceso tendrá un comienzo y un final, pero continuaré el proceso hasta que ambas partes lleguen a un acuerdo.
10. Me negaré a mí mismo y me someteré al liderazgo de Cristo, acordando lo siguiente cuando sea necesario:

    Disculparse
    Aceptar una disculpa
    Aceptar las consecuencias
    Cambiar comportamiento
    Pedir ser perdonado
    Actuar sobre el acuerdo

_____   _____   _____
      Parte Uno   Parte Dos   Mediador

_____   _____   _____
  Nombre de la Iglesia   Pastor   Fecha

Anexo B

Acuerdo de Resolución de Conflictos

Nosotros, las partes en este acuerdo, habiendo participado en una sesión de mediación y estando satisfechos de que hemos llegado a un acuerdo justo y razonable, por la presente acordamos:

_____
_____
_____
_____
_____

No pudimos llegar a un acuerdo sobre las siguientes cuestiones, que no forman parte de nuestro acuerdo de mediación.

_____
_____
_____
_____
_____

Pretendemos que este documento sea legalmente vinculante y un acuerdo aplicable.

Fecha _____ de _____, 20_____

_____   _____

Firma de la Parte Uno   Firma de la Parte Dos

_____

Atestiguado por mediador(es)

Anexo C

Encuesta a los Miembros de la Iglesia

1. He sido miembro de esta iglesia (marque uno)

   _____ menos de un año   _____ 5-10 años

   _____ 1-3 años   _____ 10-20 años

   _____ 3-5 años   _____ más de 20 años

2. Yo sirvo como (marque todo lo que corresponda)

   _____ diácono   _____ maestro de escuela dominical

   _____ presidente de comité   _____ trabajador de la escuela dominical

   _____ miembro del comité   _____ miembro del coro

   _____ organización misionera _____ otro

3. ¿Con qué frecuencia asistes?

	Escuela dominical	Adoración matutina	Culto vespertino	Miércoles por la noche
Semanalmente				
3 veces x mes				
2 veces x mes				
1 vez x mes				
Ocasionalmente				
Nunca				

4. ¿Qué es lo que más te gusta de tu iglesia?

5. Brevemente di lo que crees que es la mayor debilidad de la iglesia.

6. Si pudieras cambiar una cosa de esta iglesia, ¿qué sería?

7. En términos de estrés e intensidad, marca tu opinión sobre la situación actual.

	1	2	3	4	5	6	7	8	9	10	
Armonioso											Conflicto
Calmado/feliz											Crisis
Unido											Caos

8. Describe brevemente cualquier preocupación/cuestión/conflicto que enfrenta la iglesia, tal como tú lo entiendes.

9. En lo que concierne a tu respuesta en el número 8.
    a. ¿Cuándo crees que empezó el problema?
    b. ¿Cuáles fueron algunas de las causas?
    c. ¿Qué ideas positivas tienes para resolverlo?

10. ¿Quién es el E. F. Hutton de su iglesia (la persona a la que todos escuchan, respetan y tiene más influencia)?

11. ¿Comentarios adicionales?

Anexo D

Entrada	¿Quién hizo el primer contacto?
	¿Quiénes son las partes en conflicto?
	¿Han intentado Mateo 18?
	¿Están de acuerdo con el proceso de mediación?
	¿Están dispuestos a firmar el acuerdo de mediación?

Ilustración	Asuntos	Problemas a voz alta
		Problema tácito
	Líderes	Historia de la relación
		Comunicación
	Ajuste	Tamaño de la Iglesia
		Edad de la Iglesia
		Locación de la Iglesia
		Sociología de la Iglesia
		Crecimiento/Estancamiento de la Iglesia
	Razón	Guerras de Adoración
		Política de la Iglesia
		Personal
		Inmoralidad sexual
		Incompetencia
		Iglesia conflictuada
		Comunicación
		Cambio
		Liderazgo
		Control
	Nivel	Problemas a resolver
		Desacuerdo
		Contestación
		Pelea/Escape
		Intratable

	Estrategias de manejo	
Empoderar		<u>S</u>hare (compartir) Escrituras y oración
	Educación	<u>O</u>pen (abierto) con las declaraciones y reglas
	Mediación	<u>L</u>isten (escuchar) a cada parte
	Restauración	<u>V</u>erify (verificar) que se ha dicho
		<u>E</u>xplore (explorar) soluciones que lleven a un acuerdo

Notas

Sección 1 Principios del Conflicto, Introducción

[1] Michael Agnes, editor, Diccionario y Tesauro del Nuevo Mundo de Webster (Nueva York: Hungry Minds, 1996), 488.

Sección 1, Capítulo 1 - Definiciones de Conflicto

[1] Agnes, 125.

[2] Larry McSwain y William C. Treadwell, Jr, Ministerio de Conflicto en la Iglesia (Nashville: Broadman Press, 1981), 25. Cita de Ross Stagner en *The Dimensions of Human Conflict*. Wayne State University Press, Detroit, 1967, p. 136. También sobre las luchas eclesiales, Managing Conflicts in the Local Church, págs. 28-29.

[3] Hugh F. Halverstadt, Manejando el Conflicto de la Iglesia (Louisville: Westminster John Knox Press, 1991), 4. Citado de Morton Deutsch, "*Conflictos: Productive and Destructive*" (Productivo y destructivo) reimpreso en Fred Jandt, ed. Resolución de conflictos a través de la comunicación. (Nueva York: Harper and Row, 1973), pág. 156

[4] Norman Shawchuck, How to Manage Conflict in the Church: Understanding and Managing Conflict, vol.1. (Leith, Dakota del Norte: Spiritual Growth Resource Press), 35.

[5] Ken Sande, *The Peacemaker* (Grand Rapids: Baker Book House, 1991), 80.

[6] Sande, 83.

[7] Sande, 79-137.

Sección 1, Capítulo 2 - Cicatrices del conflicto

[1] Marlin E. Thomas, *Resolving Disputes in Christian Groups* (Winnipeg, Canadá: Comunicaciones Windflower, 1994), 6.

[2] Jesse C. Fletcher, *The Southern Baptist Convention* (Nashville: Broadman & Holman Publishers, 1994), 39- 41.

[3] Harry Leon McBeth, *Texas Baptist* (Dallas, Texas: Prensa de Baptist Way, 1998), 123.

[4] 2013-2014 *Directory and Handbook BMA America*, edición 53 (Texarkana, Arkansas: Guía del discipulo, 2013), 1.

⁵ Gary Ledbetter, *The Day of Small Things* (Grapevine, Texas: Convención Bautista del Sur de Texas), 92.

⁶ *Reports from Director of Mission Surveys* (Nashville, Tennessee: Lifeway Christian Resources) Fotocopiado.

⁷ G. Lloyd Rediger, *Clergy Killers* (Louisville: Westminster John Knox Press, 1997), 25.

⁸ *Norris Smith Lecture on Conflict Management* (Glorieta, Nuevo México: Semana del Liderazgo de la Iglesia, 3 de julio de 1999), Handouts.

⁹ Smith, Fotocopiado.

Sección 1, Capítulo 3 - Verdades sobre los conflictos -

¹ Smith, Fotocopiado.

Sección 1, Capítulo 4-Señales de conflicto

¹ Craig Webb,_ Los 10 Tiempos Predecibles para el Conflicto en la Iglesia, http://www. Lifeway.com/article/Top-Ten-Predictable-Times-for Conflict. Adaptado de la lista de Speed Leas en Mastering Conflict and Controversy por Edward G. Dobson y Marshall Shelley (Word Publishing, 10 de diciembre de 1993)

Sección 1, Capítulo 5 - Niveles Estructurales del Conflicto

¹ Speed Leas, *Moving Your Church Through Conflict* (Washington, S.CEl Instituto Alban, Inc., 1985), 17-23

Sección 1, Capítulo 6 - Estilos de conflicto

¹Tim LaHaye, *Spirit Controlled Temperament* (Wheaton, IL: Tyndale House Publishers, 1966), 8.

² LaHaye, 8.

³Tancrede Wayman Flippin, *An Analysis of the Relationship Between Temperaments and Preferred Learning Styles of Students in Southern Baptist Seminaries. A Dissertation prospectus* (Louisville: El Seminario Teológico Bautista del Sur, 2000), 38.

⁴ Mels Carbonell, *Uniquely You in Christ* (Blue Ridge, GA: 1998), 7.

⁵ Ken Voges, *Adult DISC Survey* (Houston, Texas: In His Grace, Inc., 1995), 4.

⁶ Flippen 2000, 40.

⁷ Ken Voges and Ron Braund, *Understanding How Others Misunderstand You* (Chicago, Ill.: Moody Press. 1990), 19-29.

⁸ William Smith, *A Comparative Analysis of Selected Pastors Personality Profiles and Their Conflict Management Styles. A Dissertation Prospectus* (Louisville: El Seminario Teológico Bautista del Sur, 2003), 73.

⁹ Ken Voges, *Team Building Survey* (Houston, Texas: In His Grace, Inc., 1995), 7.

¹⁰ Gary L. McIntosh, *One Church, Four Generation: Understanding and Reaching All Ages in Your Church* (Grand Rapids, Michigan, Baker Books Publishing, 2002), resumen.

Sección 2 - Introducción

¹ *Survey's from Directors of Missions of the Southern Baptist Convention* (Nashville: Lifeway Christian Resources, 1984-2012) handouts.

² *Survey's from Directors of Missions of the Southern Baptist Convention*, handouts.

Sección 2- Conflicto 10- Guerras de Adoración

¹ Dykes, David (Septiembre 3, 2006), "The Kind of Music God Loves", Sermon llevado a cabo desde la Iglesia Bautista Green Acres, Tyler, Texas.

² Jack Taylor. *Hallelujah Factor* (Mansfield, PA: Kingdom Publishing, 1983), 172.

³ George Barna, "El enfoque en las guerras de adoración esconde los problemas reales con respecto a la conexión con Dios" (The Barna update http://www.barna.org.November 19, 2002).

⁴ Smith, Norris (Julio 3, 1999), Lectures on Conflict Management, Lecture conducted from Glorieta NM: Church Leadership Week, handout.

Sección 2- Conflicto 9-Política de la Iglesia

¹ Chad Owen Brand and R. Staton Norman. *Perspectives on Church Government* (Nashville: Broadman y Holman, 2004), 1-25.

² Paul Engle, sr.ed., Steve Cowan, gen.ed., *Who Runs the Church?* (Grand Rapids, Michigan: Zondervan, 2004), 12-18.

Sección 2- Conflicto 8 - Personal

¹ John McArthur. Ed. *Pastoral Ministry* (Dallas, Texas Thomas Nelson, 2005), 230-273.

² Jonamay Lambert and Selma Mayes. *50 Activities for Conflict Resolution*, (Amherst: MA. HRD Press. 1999),7.

Sección 2- Conflicto 7-Sexo

[1] Timothy Pect. Saber más sobre el sexo, www.Sermoncentral.

[2] Kent Hughes. *Sexual Immorality and Church Leaders*, www.GraceOnlineLibrary.

[3] Centros para el Control y la Prevención de Enfermedades: "Morbilidad y mortalidad" *Weekly Report*, October 12, 2013.

[4] Pect.

[5] Universidad Baylor, Estudio de Conducta Sexual Inapropiada del Clero, www.Baylor.Edu/clergy sexualmisconduct/index.

Sección 2- Conflicto 6-Incompetencia

[1] David Dunning Lecture, Thales Lament: "Roadblocks en el camino para conocerte a ti mismo" (New York: Cornell University, April 13, 2000), http://www.thepsychologist.org.uk/
archive/archive_home.cfm?volumeID=26&editionID=226&ArticleID=2282 (Sept. 21, 2013).

[2] Rick Ezell "No te hagas excusas", www.lifeway.com, (July 11, 2012).

[3] Bob Sheffield, *Avoid the Top Five Reasons for Pastor Termination, Part 3*, Junio 12, 2008. http://www.lifeway.com.

Sección 2- Conflicto 5-Conflicto/Disfuncional

[1] David Owens, *The Cure for Conflict*, www.sermoncentral.com.

[2] Ed Stetzer, 6 Señales de que su Iglesia es Disfuncional. www.churchleaders.com/pastors/

[3] D. G. McCoury, *Lecture on Single Staff Church*, (Área Bautista de Doble Montaña, Stanford, Texas, 1989) Notas.

Sección 2- Conflicto 4-Comunicación

[1] Dean Courtier, *Communication or Miscommunication*, www.sermoncentral.com, Febrero 21, 2010.

[2] Courtier

[3] Dykes, David (May 2002), The Three Laws of Personal Communication, Sermón conducido desde la Iglesia Bautista Green Acres, Tyler, Texas.

[4] Lambert and Myers, 27-28

Sección 2- Conflicto 3-Cambio

[1] Kelly, Chris (Agosto 6, 2000), Cómo lidiar con los mayores cambios de la vida, www.sermoncentral.com.

[2] Greg Yount, ¿Cómo se siente sobre el cambio?. wwwsermoncentral.com.

[3] Arnold L. Cook. Historical Drift. (Camp Hill, Pennsylvania: Publicación Cristiana, 2000). xiii.

[4] Bob Sheffield. Evite las cinco razones principales para la terminación pastoral. Junio 23, 2008. http://www.lifeway.com.

[5] Norris Smith, Lecture on "Porque la gente resiste al cambio" (Nashville: Lifeway Christian Resources, 2000).

[6] Lambert and Myers. 31.

Sección 2- Conflicto 2-Liderazgo demasiado fuerte/ Liderazgo demasiado débil

[1] John MacArthur, Editor, Ministro Pastoral "Liderando" Alex D. Montoya (Dallas: Texas. Thomas Nelson, 2005), 281.

Sección 2- Conflicto 1-Control

[1] Encuestas del Director de Misiones, 1984-2012.

[2] Kenneth C. Haugh., *Antagonists in the Church* (Minneapolis: Augsburg Publishing House, 1988), 25-30.

[3] G. Lloyd Rediger, *Clergy Killers* (Louisville: Westminster. John Know Press, 1997), 25.

Sección 2-Resumen

[1] Francis Frangipane, *It's Time to End Church Splits*, (Cedar Rapids, IA: Arrow Publications, 2002), 4.

[2] Frangipane

Sección 3-Introducción

[1] Ken Sande and Ted Kober, *Guiding People Through Conflict* (Billings, Montana: Ministerios de Pacificadores, 1998), 5-17.

Sección 3- Capítulo 1- Educación

[1] Norris Smith, *Church Conflict Mediation Seminar* (Nashville, TNCentro de Capacitación del Programa de la Iglesia, 1995) Notas.

[2] Smith, Notas

[3] Smith, Notas

[4] John Drakeford. *The Awesome Power of the Listening Ear*. (Waco, Texas: Word Book, 1973).

[5] Sande, The Peacemaker, 207

[6] Sande, 137

[7] Sande, 192-196

Sección 3- Capítulo 2- Mediación

[1] Richard Blackburn y Robert Williamson, Facilitando las relaciones entre la Congregación y el Pastor Saludable, (Lombard, Illinois: Centro Lombardo Menonita para la Paz, 1999), 3-7.

[2] Ken Coffee (2000), *A Mediation Process*, Conferencia dictada desde la Convención General Bautista de Texas en Dallas, Texas, 6-8 panfletos.

[3] Smith, Notas.

Sección 3- Capítulo 3- Restauración

[1] Bob Anderson (2000), Informe del Ministerio del Afecto de Antioquía, (Tuscawilla, Florida Reporte conducido por la Conferencia de Pastores de los Senderos de Dogwood Baptist

Área en Jacksonville, Texas, fotocopiado.

Referencias

Agnes, Michael. "Diccionario Webster del Nuevo Mundo". Nueva York: Hungry Minds, 1996. Impreso.

Anderson, Bob. "Informe del Ministerio del Afecto de Antioquía". Conferencia de pastores. Dogwood Trails Area. Jacksonville, TX. 2000. Lectura.

Augsburger, David. Lo suficiente como para enfrentarse. Ventura, CA: Regal Books, 1981. Impreso.

Barna, George. "El enfoque en las guerras de adoración esconde los problemas reales con respecto a la conexión con Dios." La actualización de Barna. N.p., 19 Nov. 2002. Web. 26 Nov 2013. http://www.barna.org.

Blackaby, Henry, y Richard Blackaby. *Spiritual Leadership*. Nashville: Broadman& Holman Publishers, 2001. Impreso.

" Estudio de Conducta Sexual Inapropiada del Clero." Baylor University. Web. 1 Oct. 2013. www.Baylor.edu/clergysexualmisconduct.

Blackburn, Richard, y Robert Williamson. Facilitating Pastor saludable Relaciones con la Congregación. Lombard, IL: Lombard Mennonite Peace Center, 1999.

Brand, Chad Owen, y R. Stanton Norman. Perspectives en el Gobierno de la Iglesia. Nashville: Broadman y Holman. Impreso.

Butts, Thomas Lane. " Consecuencias de la falta de comunicación." . N.p., 10 Dec. 2009. Web. 1 Oct. 2013. www.day1.org/1723-dr-thomas-lane-butts-the-consequences-of-miscommunication.

Carbonell, Mels. Únicamente Tú en Cristo. Blue Ridge, GA: Únicamente Tu, 1998. Impreso.

Coats, Darrell. " Un cambio en el liderazgo." . N.p., n.d. Web. 10, Oct. 2013. www.sermon.

Coffee, Ken. " Un proceso de mediación." Baptist General Convention of Texas. BGC. Dallas . 2000. Keynote.

Coffee, Blake. Facilitador de Unidad. 1st ed. . Dallas : Centro de Liderazgo Bautista de Texas, Inc., de la Convención General Bautista de Texas, 1998. Impreso.

Courtier, Dean. Communication or Miscommunication. www.sermoncentral.com

Covey, Stephen. Los 7 Hábitos de las Personas Altamente Eficaces. New York: A Fireside Book, 1989. Impreso.

Dale, Robert. Para soñar de nuevo: Cómo ayudar a su iglesia a cobrar vida. Nashville: Broadman Press, 1997. Impreso.

Dobson, Edward G. , Speed Leas, and Marshall Shelley. Dominar el conflicto y la controversia. Portland, OR : Multnomah Press, 1992. Impreso.

Dunavant, Donald R. . Iglesias en crecimiento. 1996. Impreso.

Dunning, David. " Encuesta ." New York Cornell University. N.p., n.d. Web. Oct. 15, 2013. <www.preaching today.com>.

Dykes, David. " Las tres leyes de la comunicación personal" Green Acres Baptist Church. Tyler, Texas. 19 May 2002. Lectura.

Dykes, David. " El tipo de música que Dios ama." Green Acres Baptist Church. Tyler, Texas. 3 Sept. 2006. Sermon.

Engle, Paul and Steve Cowan, ed., Quién dirige la iglesia. Grand Rapids, MI: Zondervan, 2004.

Ezell, Rick. " No ponga excusas." Lifeway. N.p., 11 Jul 2012. Web. 10, Oct. 2013. <www.lifeway.com>.

Ferrell, Nancy K. . " Capacitación en Resolución de Conflictos y Mediación." Capacitación en Resolución de Conflictos y Mediación. Convención General Bautista de Texas. Dallas. 1995. Keynote.

Fletcher, Jesse C. La Convención Bautista del Sur. Nashville: Broadman & Holman Publishers, 1994. Impreso.

Flippin, Tancrede W. Un análisis de la relación entre los temperamentos y los estilos preferidos de aprendizaje de los estudiantes en los seminarios bautistas del sur. Diss. El Seminario Teológico Bautista del Sur, 2000. Louisville: El Seminario Teológico Bautista del Sur, Impreso.

Frangipane, Francis. Es hora de terminar con las escisiones de la iglesia. Cedar Rapids, IA: Arrow Publications, 2002. Impreso.

Gangel, Kenneth O., y Samuel L. Canine. Comunicación y gestión de conflictos. Nashville: Broadman Press, 1992. Print.

Halverstadt , Hugh. Managing Church Conflict. Louisville: Westminster John Knox Press, 1991. Impreso.

Hamric, Jeff. "Que es un pastor?." Sermon Central. N.p.. Web. 23 Oct. 2013. <www.sermoncentral.com>.

Haugk, Kenneth C. . Antagonistas en la Iglesia. Minneapolis, MN: Augsburg Publishing House, 1998. Impreso.

Hayes, Kenneth E. Encuesta para aprender a resolver conflictos. Nashville: Servicio de Estudios BSSB, 1990. Impreso.

Haynes, Michael. " Los diáconos como agentes de cambio." The Deacon. 2002: 9-11. Impreso.

Hughes, Kent. " La inmoralidad sexual y los líderes de la Iglesia." Grace Online Library. N.p., n.d. Web. 23 Oct. 2013. <www.graceonlinelibrary.>.

Keirsey, David. Please Understand Me II. Delmar, CA: Prometheus Nemesis Book Company, 1998. Print.

Kelly, Chris. " Cómo lidiar con los mayores cambios de la vida." Sermon Central. N.p.. Web. 24 Oct. 2013. <www.sermoncentral.com>.

LaHaye, Tim. Spirit-Controlled Temperament. Wheaton, Illinois: Tyndale House Publisher, Inc. 1966. Impreso.

Lawson, Linda. "¡Estás Despedido!." Church Administration. 26 Jul 2010: 3-8. Print.

Leas, Speed. Discover Your Conflict Management Style. Washington D. C.: The Alban Institute, Inc. , 1984. Impreso.

Leas, Speed. Moviendo su Iglesia a través del Conflicto. Washington D. C.: The Alban Institute, Inc. , 1985. Impreso.

Ledbetter, Gary. El día de las pequeñas cosas. Grapevine, TX: Southern Baptists of Texas Convention, 2008. Impreso.

Lewis, Douglas. Resolviendo los conflictos de la Iglesia. San Francisco: Harper y Row, 1981. Impreso.

Littaver, Florence. Cómo llevarse bien con la gente difícil. Eugene, OR: Harvest House Publishing, 1984. Impreso.

London, Jr. , H. B. , y Neil B. Wiseman . Pastores en riesgo. Wheaton, IL: Victor Books, 1993. Impreso.

London, Jr. , H. B. , y Neil B. Wiseman . Su Pastor es una Especie en Peligro de Extinción. Wheaton, IL: Victor Books, 1996. Impreso.

Mains, David. Sanando a la Familia Disfuncional de la Iglesia. Wheaton, IL: Victor Books, Impreso.

Marion, Lucille Ann. Manejo de Conflictos y Tipos de Personalidad entre Ejecutivos de Colegios Comunitarios. Diss. Abstract. State University of New York at Albany, 1995. Impreso.

Maxwell, John C. . Las 21 Leyes Irrefutables del Liderazgo. Nashville, TN: Thomas Nelson Publishers, 1998. Impreso.

McArthur, John. Pastoral Ministry. "Liderando", Alex D. Montoya, Dallas, TX: Thomas Nelson Publishers, 2005. Impreso.

McBeth, Leon. Texas Baptist. Dallas, TX: Baptist Way Press, 1998. Impreso.

McCoury, D. G. . Entendiendo la Iglesia del Personal Único. Nashville, TN: Convention Press, 1988. Impreso.

McCoury, D. G. . Pastoreando la Iglesia de Personal Único. Nashville, TN: Convention Press, 1990. Impreso.

McCoury, D.GConferencia sobre la Iglesia con personal único. Stanford, TX: Double Mountain Baptist Area, 1989. Fotocopiado.

McIntosh, Gary L. One Church, Cuatro Generaciones: Entendiendo y Alcanzando a Todas las Edades en Su Iglesia. Grand Rapids, MI: Baker Books, 2002. Impreso.

McSwain, Larry L. , y William C. Treadwell, Jr. . Ministerio de Conflicto en la Iglesia. Nashville, TN: 1981. Impreso.

Mims, George. Las 7 Iglesias que no están en el Libro del Apocalipsis. Nashville, TN: Holman Publishers, 2001. Impreso.

Owens, David. "The Cure for Conflict." Sermon Central. N.p., n.d. Web. 1 Nov. 2013. <www,sermoncentral.com>.

Parson, George. Intervenir en una lucha de iglesias: Un Manual para Consultores Internos. Washington D. C.: The Alban Institute, Inc. , 1989. Impreso.

Pect, Timothy. " Saber más sobre el sexo." Sermon Central. N.p., n.d. Web. 8 Nov 2013. <www.sermoncentral.com>.

Powell, Paul W. . Sermones Bíblicos Básicos sobre el Manejo de Conflictos. Nashville, TN: Broadman Press. 1992. Impreso.

Powell, Paul W. Cómo sacar el líder del liderazgo. Nashville, TN: Broadman Press. 1997. Impreso.

Rediger, Lloyd G. . Asesinos del clero. Louisville, KY: Westminster John Knox Press, 1997. Impreso.

Informes del Director de Encuestas de Misiones. Nashville, TN: Recursos Cristianos Lifeway, 2012. Fotocopiado.

Sande, Ken. El Pacificador. Grand Rapids, MI: Baker Book House, 1991. Impreso.

Sande, Ken, and Ted Tobler. Guiando a la gente a través del conflicto. Billings, MT: Peacemaker Ministries, 1998. Impreso.

Santrock, John W. . Psychology: La Ciencia de la Mente y el Comportamiento. Dubuque, IA: W.M.C. Brown Publishing, 1986. Impreso.

Savage, John. " Manejo de Conflictos y Dolor Corporativo Congregacional." Taller de Manejo de Conflictos y Dolor Corporativo Congregacional. Reynoldsburg, OH. 1999. Keynote.

Schaller, Lyle E. . The Interventionist. Nashville, TN: Abingdon Press, 1997. Impreso.

Shawchurch, Norman. Cómo manejar los conflictos en la Iglesia. Leith, ND: Recursos para el Crecimiento Espiritual, 1983. Impreso.

Shelley, Marshall. Well-Intentional Dragons. Waco, TX: Word Books, 1985. Impreso.

Sheffield, Bob. " Evite las Cinco Razones Principales para la Terminación de un Pastor." Lifeway. N.p., 12 Jun 2008. Web. 15 Nov 2013. <http://www.lifeway.com>.

Sheffield, Bob. "Avoid the Top Five Reasons for Pastor Termination." Lifeway. N.p., 23 Jun 2008. Web. 15 Nov 2013. <http://www.lifeway.com>.

Sheffield, Bob. "Avoid the Top Five Reasons for Pastor Termination." Lifeway. N.p., 7 Jun 2008. Web. 15 Nov 2013. <http://www.lifeway.com>.

Smith, Norris. " Mediación en Conflictos de la Iglesia." Seminario de Mediación de Conflictos de la Iglesia. La Junta de Escuela Dominical de la Convención Bautista del Sur.. Nashville, TN. 1995. Keynote. Fotocopiado.

Smith, Norris. " Conferencias sobre Mediación de Conflictos." Semana del Liderazgo de la Iglesia. Glorieta, NM. 3 Julio 1999. Keynote. Fotocopiado.

Smith, William. " Un Análisis Comparativo de los Perfiles de Personalidad de los Pastores Seleccionados y sus Estilos de Manejo de Conflictos." Diss. The Southern Baptist Theological Seminary, 2003. Impreso.

Stienke, Peter L. . Cómo trabaja la familia de su iglesia. Washington D. C.: The Alban Institute, Inc., 1993. Impreso.

Encuestas de los Directores de Misiones de la Convención Bautista del Sur. Nashville, TN: Lifeway Christian Resources, 1984-2012. Folleto.

Taylor, Jack. Hallelujah Factor. Mansfield, PA: Kingdom Publishing, 1983. Impreso.

Taylor, Robert M. . Taylor-Johnson Manual de Análisis de Temperamento. Los Angeles, CA: Publicaciones Psicológicas, 1984. Impreso.

Thomas, Marlin E. . Resolución de disputas en grupos cristianos. Winnipeg, Manitoba: Comunicaciones Windflower, 1994. Impreso.

Thompson, Carolyn B. , y James W. Ware. El genio del liderazgo de George W. Bush. Hoboken, NJ: John Wiley and vSons, 2003. Impreso.

Voges, Ken. Encuesta sobre el DISC para adultos. Houston, TX: In His Grace, Inc. , 1997. Impreso.

Voges, Ken. Team Building Survey, Houston, TX: In His Grace, Inc. 1995. Impreso.

Voges, Ken, y Ron Braund. Entender cómo te malinterpretan los demás. Chicago, IL: Moody Press, 1990. Impreso.

Voges, Ken, and Mike Kempainen. Descubriendo los Estilos de Liderazgo de Jesús. Houston, TX: In His Grace, Inc., 2001. Impreso.

Webb, Craig. Lifeway. N.p. Web. 7 Nov 2013. <http://www.Lifeway.com>.

Webb, Richard Bruce. Una guía práctica para equipar a los líderes de la iglesia con habilidades de manejo de conflictos. D. Min. project. Southwestern Baptist Theological Seminary, 1995. Impreso.

Weiten, Wayne. Psicología aplicada a la vida moderna. 2nd. ed. Monterrey, CA: brooks/Coke Publishing Company, 1986. Impreso.

Williamson, Charles Lee, y Margaret McCommon-Dempsey. Creciendo Su Iglesia en Siete Días. Dallas, TX: Creative Church Consultations, Inc., 1994. Impreso.

Yount, Greg. " ¿Cómo se siente sobre el cambio?" Sermon Central. N.p., n.d. Web. 2 Nov 2013. <www.sermoncentral.com>.

_____2013-2014 Baptist Missionary Association Directory and Handbook. 53rd. ed. Texarkana, AR: Guía de Discípulos, 2013. Impreso.

AUTOR

El Dr. Mike Smith
Presidente de la Universidad de Jacksonville

El Dr. Smith tiene varios grados académicos, como un asociado de Artes de Blinn College y una licenciatura de la Universidad de Baylor, una maestría en divinidad y un maestro de educación religiosa de Southwestern Baptist Theological Seminary en Fort Worth. Tiene un doctorado ganado del Luther Rice Seminary, así como un grado de doctorado y un doctorado del seminario meridional en Louisville, Kentucky.

El Dr. Smith ha impartido cursos como profesor adjunto en el misionero Asociación Seminario Teológico Bautista de Jacksonville y de Southwestern Baptist Theological Seminary en Fort Worth. Ha servido en el College Board de Jacksonville de visitantes y también ha sido miembro de la Junta de Síndicos de la Universidad.

El Dr. Smith había pastoreado iglesias durante 17 años en Texas en Gatesville, Frost, vista al valle, Edom y Terrell. Ha trabajado con la Home Mission Board de la Convención Bautista del Sur como un plantador de iglesias en Illinois y ha servido como 2 º vicepresidente de la Junta de misión internacional para el SBC. Desde 1995 hasta 2008, Smith era Director de las misiones de la zona de Bautista Cornejo senderos en Jacksonville. Antes de eso, fue Director de las misiones en el área de Bautista de montaña doble en Stamford, Texas durante ocho años. Se desempeñó como Director el Ministro iglesia del Departamento de relaciones para la Convención de los bautistas de Texas sur durante tres años antes de convertirse en Presidente de la Universidad de Jacksonville en 2011.

Franklin Publishing

El objetivo de Franklin Publishing es que pastores, evangelistas, misioneros y cristianos líderes y presentadores a convertirse en autores publicados. Convertirse en un autor publicado extiende su influencia y su Ministerio basa. Puede escribir la serie de libro o sermón que Dios ha puesto en tu corazón. Podemos recorrer ese camino contigo.

www.FranklinPublishing.org

Venga a visitar nuestra página de Facebook y su gusto y siga con nosotros para seguir escribiendo consejos y novedades.

www.facebook.com/FranklinPublishing

The goal of Franklin Publishing is to enable Pastors, Evangelists, Missionaries, and Christian leaders and presenters to become published authors. Becoming a published author expands your influence and builds your ministry. You can write the book or sermon series which God has laid on your heart. We can walk that road with you.

Come and visit our Facebook page and be sure to like and follow us to keep up with writing tips and new developments.

www.ingramcontent.com/pod-product-compliance
Lightning Source LLC
Chambersburg PA
CBHW080515090426
42734CB00015B/3064